"互联网+"时代下的
大学英语自主学习能力培育路径

师小静 ◎著

中国书籍出版社
China Book Press

图书在版编目(CIP)数据

"互联网+"时代下的大学英语自主学习能力培育路径 / 师小静著. -- 北京：中国书籍出版社, 2022.6
ISBN 978-7-5068-9041-0

Ⅰ.①互… Ⅱ.①师… Ⅲ.①大学生–英语–学习能力–能力培养–研究 Ⅳ.①H319.3

中国版本图书馆CIP数据核字（2022）第098766号

"互联网+"时代下的大学英语自主学习能力培育路径

师小静 著

丛书策划	谭　鹏　武　斌
责任编辑	李　新
责任印制	孙马飞　马　芝
封面设计	博健文化
出版发行	中国书籍出版社
地　　址	北京市丰台区三路居路97号（邮编：100073）
电　　话	（010）52257143（总编室）　（010）52257140（发行部）
电子邮箱	eo@chinabp.com.cn
经　　销	全国新华书店
印　　厂	三河市德贤弘印务有限公司
开　　本	710毫米×1000毫米　1/16
字　　数	242千字
印　　张	12
版　　次	2024年1月第1版
印　　次	2024年1月第2次印刷
书　　号	ISBN 978-7-5068-9041-0
定　　价	78.00元

版权所有　翻印必究

目 录

第一章 "互联网+"时代下的大学英语教学 ……………………… 1

 第一节 "互联网+"对大学英语教学的影响 ……………… 1
 第二节 "互联网+"时代下大学英语教学的优势 …………… 5
 第三节 "互联网+"时代下大学英语教学的基本原则 ……… 10

第二章 大学英语自主学习的相关内涵解析 ……………………… 13

 第一节 自主学习的定义与特征 ……………………………… 13
 第二节 自主学习的理论依据 ………………………………… 16
 第三节 影响大学生英语自主学习的因素 …………………… 20
 第四节 大学生展开英语自主学习的意义 …………………… 27

第三章 "互联网+"时代下大学英语自主学习的常见问题 …… 31

 第一节 大学英语学习情感障碍 ……………………………… 31
 第二节 大学英语学习动机衰退 ……………………………… 38
 第三节 大学英语学习拖延问题 ……………………………… 45

第四章 "互联网+"时代下改善大学英语自主学习问题的常见策略 ………… 50

第一节 推进内外调适策略的结合 ………… 51
第二节 转变课堂形态,构建智慧课堂 ………… 74
第三节 积极搭建数字化教学平台 ………… 78
第四节 创新大学英语教学组织模式 ………… 80

第五章 "互联网+"时代下大学英语自主学习能力培育的理念创新 ………… 85

第一节 贯彻以学生为中心的教学理念 ………… 86
第二节 尊重学生的学习风格 ………… 90
第三节 培养学生应用学习策略的能力 ………… 94
第四节 从价值上引领学生的大学英语自主学习 ………… 101

第六章 "互联网+"时代下大学英语自主学习能力培育的内容创新 ………… 106

第一节 "互联网+"时代下大学英语词汇与语法学习能力的创新培育 ………… 107
第二节 "互联网+"时代下大学英语听说学习能力的创新培育 ………… 121
第三节 "互联网+"时代下大学英语读写译学习能力的创新培育 ………… 129
第四节 "互联网+"时代下大学英语文化学习能力的创新培育 ………… 138

第七章 "互联网+"时代下大学英语自主学习能力培育与教师发展 ······ 143

第一节 "互联网+"时代下定位大学英语教师的角色 ······ 143
第二节 "互联网+"时代下大学英语教师的信息素养 ······ 147
第三节 "互联网+"时代下促进大学英语教师的专业发展 ······ 150

第八章 "互联网+"时代下大学英语自主学习能力培养的评价研究 ······ 160

第一节 "互联网+"时代下的大学英语教学评价 ······ 161
第二节 "互联网+"时代下大学英语教学评价的原则 ······ 166
第三节 "互联网+"时代下构建大学英语动态评价体系 ······ 171
第四节 "互联网+"时代下评价大学英语自主学习能力 ······ 174

参考文献 ······ 178

第一章 "互联网+"时代下的大学英语教学

随着社会与科技的快速发展，网络、大数据、人工智能、云……这些新名词逐渐被人们所熟知。互联网经过几年的更新换代，已经形成了系统的发展体系，并渗透到人们生活中的方方面面。在互联网技术的支持下，大学英语教学改革的步伐大大加快，利用新的教学模式、学习模式，大学英语教学改革取得了明显的成效。

第一节 "互联网+"对大学英语教学的影响

一、现代教学

"现代教学"是一个颇有争议的概念，人们对现代教学的不同理解，大体可以概括为如下三种。第一种理解：20世纪五六十年代以来的教学理论与实践。例如，有人认为："现代教学论是人类进入新的技术革命时代的产物，从时间上说，它是从20世纪50年代末60年代初产生、发展和兴盛起来的。目前它已基本上取代了传统教育学，在世界范围内开始被广泛地实践着。"第二种理解：以杜威为代表的实用主义教学理论和实践。持这种理解的学者认为，传统教学论和现代教学论在西方分别指以赫尔巴特和杜威的教育思想为基础的教学制度、教学原理和方法；在苏联，则分别指20世纪三四十年代的教学体系和赞科夫的实验教学体系。根据这种说法，现代教学论应当开始于19世纪末20世纪初。第三种理解：20世纪五六十年代以来的教学实践和理论，是现代教学发展的一个新阶段，一般称为当代教学。杜威的教学体系是现代教学的一种模式、一个流派，它们都属于现代教学，但只是现代教学的一个局部或一种形态。现代教学是指在大工业生产和商品经济条件下逐步确立、发展起来并继续不断完善的教学，是现代教育的一个重要组成部分，体现着现代教育的一般性质和规律。如此说来，现代教学的时间起点应当上溯到17世纪，夸美纽斯以来的教学理论与实践也属于现代教学。

事实上，现代教学歧义纷呈，一是受历史学上历史分期理论的影响，二是受哲学流派命名的干扰。我们认为，现代这个限定词只是一个"能指"而已，它的"所指"应当是不断生长、不断更新的，因此我们应动态地去把握这个概念，而不能"捆绑式"地把"能指"与"所指"机械地一一对应起来。如果说有什么是不变的话，那就是现代一词所包含的时间上的"最近"和意义上的"最新"是不变的。

把现代教育视为"建立在工业化、互联网社会基础上的教育"，是把西方近代以来两次重大的社会转型合并在一起，这两次社会转型，一次是17世纪以来的由农业社会向工业社会的转变，这次转变在19世纪末20世纪初达到高潮；另一次是20世纪后期发生的由工业化社会向后工业化社会、互联网社会的转变。然而在我国，工业化进程尚未完成，互联网浪潮又扑面而来，改革开放的三十多年，事实上要承担起社会双重转型的任务，这种转型是特殊的，又是极其复杂的。目前一种有代表性的见解是：以互联网带动工业化，实现我国社会的跨越式发展。我国教育的现代化问题，也就是要解决如何承担起促进社会政治经济和文化的整体转型、更新个人的生存意识和改善个人的生存状态的任务，因而对现代教育也不能局限于"单质的"理解，而应充分考虑其特殊而复杂的多质性。

综上所述，现代教学是一个需要动态地把握的概念，它的内涵也随着时代的发展而更新。换言之，它永远是与时间上的"最近"和意义上的"最新"联系在一起的。

二、"互联网+"影响下的大学英语教学

（一）重视学生的主体地位

传统教学中，教师在教学活动中占据主体地位，教学活动基本上由教师掌控，学生的主体地位被忽略，成为知识的被动接受者。而现代"互联网+"教学在先进教学理念的指导下，认为学生才是教学的主体，应该充分肯定并重视学生的主体地位。这要求在教学过程中，一切教学活动的安排都必须要以利于学生的学习为出发点和最终目标，尊重学生的意愿和需求，引导学生发挥其主动性、创造性和自主性，将教学过程变为学生在教师的引导之下有意识地去建立对客观世界的认识的过程。

（二）强调由学生主动进行知识构建

根据构建主义学习理论，人们知识的获得并不是依赖教师的传授完成的，而是个人在一定的社会文化背景之下，借助教师以及其他人的帮助，并利用一定的学习资料，通过意义构建的方式获得的。现代"互联网+"教学在构建主义学习理论的指导之下，摒弃了传统的由教师传授、学生被动接受的教学方法，强调学生必须积极主动地进行知识构建，只有这样才能真正获取知识，提高学习和掌握知识的能力。

（三）培养学生自主、探究、合作学习的能力

现代"互联网+"教育认为，教学最重要的目的不仅仅是让学生获取知识，更重要的是要培养学生进行学习的能力。而传统的教学活动中，学生基本上是被动地接受知识，通过死记硬背、机械训练等方式学习知识，这种教学很容易让学生丧失学习主动性、减弱学生的思考能力，不利于学生的长远学习。而"互联网+"教学强调学生主动参与到教学活动中，自己发现问题并利用各种方式探究问题，学会和同学以及其他人一起进行合作学习。现代社会信息教学注重在教学过程中培养学生自主、探究以及合作学习的能力，等于为学生今后的学习提供了保证，有利于学生的长远发展。

（四）强调活动的重要性

传统的教学活动更讲究教学结果，相对比较忽略教学的过程，教学形式和教学方法单一，教学的枯燥感更强，不利于激发学生的学习兴趣，也不利于学生的全面发展。

现代"互联网+"教学更加重视教学的过程，要求教师充分认识到教学过程的重要性。教师必须在教学的过程中，组织多种形式的教学活动，并引导学生积极参与到各种形式的教学活动中，通过丰富的教学活动培养学生各方面的能力和素质，促进学生的全面发展。

（五）重视发挥和培养学生的主观能动性

学生是教学活动的主体，教学的目的是促进学生的全面发展。现代"互联网+"教学要求教师要在尊重学生个性的基础上，通过各种教学形式和教学方法激发学生的学习兴趣，发掘学生的天赋，使学生成为教学活动的主动者。教师要引导学生在教学过程中主动探索、主动解决问题，充分发挥其主观能动性，培养其主观能力。

（六）强调促进师生之间的交流

师生之间的良好交流互动是促进教学效果提升的重要保证，一方面，有利于学生了解教师，配合教师的教学活动；另一方面，有利于教师了解学生的想法，不断改进自己的教学，提高自己的教学水平。教师应该做促进师生之间交流的主动者，在教学过程中创造友好、平等的交流环境，使学生能够敞开心扉，两者之间进行真正有效的交流。

第二节 "互联网+"时代下大学英语教学的优势

一、培养学生的核心素养

人应该必备的能力与品质就在于核心素养。核心素养的提出主要包含如下几个层面：

第一，未来个人发展与社会生活需要的能力与品格是无法预料到的，个人在受教育阶段唯一能够选择的就是对自己的必备品格与关键能力进行发展。

第二，知识是以几何级数增长的，能力以几何级数进行分化，学校教育无法对知识和能力进行穷尽。

第三，社会生活纷繁复杂，价值取向也是多元化的，学校教育无法面对社会上所有的问题。

第四，学校教育应该专注于对学生必备品格与关键能力的培养。

"核心素养"一词源自西方，英文是Key Competencies。Key在英语中的意思是"关键的、必不可少的"等含义，Competencies的意思是"能力"，但是从其范畴与内容来说，可以翻译为"素养"，因此"核心素养"也就是所谓的"关键素养"。

进入21世纪，欧盟国家为了应对经济全球化，在教育领域提出了"核心素养"这一概念，目的是为了培养学生的创新能力，这一概念的提出是为了对传统的阅读、计算等为核心的概念进行改变，从而提升学生的综合应用能力。

2014年3月，教育部发布了《关于全面深化课程改革，落实立德树人根本任务的意见》，要求英语教学应该将社会主义核心价值观的内容引入教材与课堂，努力使学生了解中华文化，明确提出了"核心素养"的概念。在语言教学中，核心素养主要包含如下几点内容：

（一）语言能力

语言能力是指基于社会情境，通过语言来进行理解与表达的能力。从英语技能教学来说，语言能力是学生应该具备的基本能力，也是学生核心素养的体现。从语言学科来说，听、说、读、写、译这五项能力是最基本的语言能力，掌握好这些能力才能更好地学好语言。同时，新时代条件下学生需要面临各种数据、图表等，因此他们还需要掌握好"看"的技能，这样才能对第一手资料有清楚的把握。

（二）文化品格

文化品格不仅是指了解一种情感态度、文化现象，还指了解语篇反映的社会文化现象，通过进行归纳来构建自己的文化立场与文化态度。

语言教学的核心素养更加注重从多元文化层面来思考，通过比较，了解中西方文化的差异，这样学生才能更加自信与自强，从而对西方文化予以理解，并将中华文化更好地传播出去。

（三）思维品质

思维品质与一般的语言能力、思维能力不同，指的是与英语技能学习相关的一些思维品质。在核心素养中，这一品质与学生更为贴近，学生思维品质的提升与优化也是"立德树人"的彰显与表现，与高校英语教学改革的目标相符合。

总之，学生的生存与发展需要多种素养，但是在21世纪的挑战下，这些素养并不是都并重的，也需要对这些素养的重要性进行排列。其中创新能力、合作能力、信息素养等是优先的素养，这些应该排在最前列，因为这些素养是学生应对挑战、将祖国文化发扬光大的关键，这就是所谓的核心素养。其他的一些素养如身体素质对于个人来说是非常重要的，但是由于太基础，所以可以将其视作基础素养。另外，传统的读、写、算也可以算作基础素养。

在全球化背景下，各国关于学生核心素养的范畴存在着某些共性。就全球范围来说，国际组织、一些国家等在核心素养指标的选取上，都反映了该组织、该国家、该地区的经济发展情况，并强调信息素养、创新能力、社会贡献、国际视野等素养是非常关键的层面。但由于国情不同，各国所面临的关键问题存在差异，核心素养的内容与程度也会存在着某些不同。

二、激发学生的问题意识

人从出生就具有了求知欲和好奇心，这是人能够自由、理性的基础，表现在学习态度与兴趣上，就是人能够积极地去探索与解决问题，不断创新、不断超越。学生学会学习的一条最佳路径就是逐渐学会启发式的学习，即教师引导学生发现问题，并让学生找到合适的方式解决问题，师生之间围绕问题展开自主学习与探究学习，使学习活动向思维活动转变，这样才能让学生具备多元思维。

在"互联网+"背景下的高校英语教学中，要强调问题引领的作用，即教师不仅要以问题作为起点，以问题解决作为主要的活动过程，从而将学生对问题的敏感性激发出来，同时还要求教师主要探讨那些与现实联系紧密的问题，对这一领域的学术前沿问题进行跟踪和了解，将学生潜在的能力挖掘出来，培养学生的研究精神与素质，形成面对困难的积极潜质与解决问题的能力，并塑造自己的人格与工作特质。此外，还要求教师为学生创设自由的学习氛围，师生之间围绕提出的问题，通过交流与对话形式解决问题，并进行分析与评价，帮助学生形成问题意识与问题解决能力，推动他们判断真假、独立思考能力的发展等。

三、发挥学生主体作用

高校英语教学与"互联网+"的融合可以将学生的主体地位凸显出来，学生可以从自身的需要出发，选择自己的上课时间，采用恰当的方法调控自己的学习进度，从而借助"互联网+"进行掌握。当学生在学习中遇到问题时，他们也会调整自己的学习速度，随时对问题进行解决与补充，从而不断提升自己对知识的掌握情况。当学生在学习中感到非常容易时，他们也会提升自己的学习进度，这样便于掌握更多的知识，也可以进行测试与检验。

在这一过程中，学生能够正视自己的不足，巩固自己的语言知识，便于他们形成良好的学习习惯。同时，无论学生处于何时、何处，他们都可以运用各种教材与课件，查询、访问或者下载，进行针对性的学习。学生在学习中遇到问题时，他们可以发送邮件与教师进行沟通，让教师为他们答疑解惑。因此，"互联网+"使学生能够清楚地了解自己的学习情况，发挥自己学习的积极性，促进自己的学习。

高校英语教学本身是一门能力课，如果仅仅学习理论，这样的学习显然达不到成效，还需要通过锻炼，将理论付诸实践。在传统的高校英语教学中，很多学生因为害怕或者自信心不足，导致不愿意在公共场合开口讲英语，在课堂上也不愿意回答问题，显得非常焦虑，这样的情况是非常常见的。但是在"互联网+"背景下的高校英语教学中，学生不用担心这一问题，因为他们不是面对面的，这会让他们不断释放自己的焦虑，从而愿意回答问题与解决问题。

另外，"互联网+"在高校英语教学中的运用为学生提供了一种交互式的学习环境，其中实现了文字与图片、动与静的结合，让学生的学习也具有了趣味性。

四、转变学生学习的方式

学习方式是学生在展开学习任务时自主、探究的基本认知取向与行为特征，主要包含发现学习、接受学习、合作学习等。在新时代背景下，高校选择的教学方法一般是多种多样的，具有针对性与灵活性，这也推动了学生学习方式的转变，因此教学应该从学生的学习能力出发，符合学生的学习要求，这样才能培养出符合社会发展需要的应用型人才。具体来说，主要可以从如下四点考虑：

第一，倡导自主探究式学习，让学生自定节奏，具体来说就是学生在学习中要发挥自身的主观能动性，引导学生大胆接受挑战，挑战传统的识记性学习方式，让学生真正地学会学习，成为学习活动的主人，推动他们灵活地转换学习方式，在创造与研究中学习。

第二，推动学生走向团队合作式学习，学生学会与其他同学合作、与教师合作，能更有效地弄懂知识，掌握技能。

第三，实施应用情境式教学，即关注学生在特定情境中的认知体验，通过新兴技术为学生创设真实的场景，让学生主动参与其中，增强他们的认知能力。

第四，关注学生的在线学习与移动学习。由于网络技术的发展，学生的学习资源越来越丰富，这给学生提供了学习的便利，学生可以打破时空的限制，获得教师或者其他同学甚至一些专家学者的帮助，从而在课外不断提升自身的语言能力。

第三节 "互联网+"时代下大学英语教学的基本原则

一、主导与主体结合原则

教师主导作用和学生主体作用相结合原则是指，在教学的过程中，一方面需要教师发挥其主导作用，引导学生进行学习，另一方面也需要学生发挥其主体作用，配合教师的教学，主动进行学习，只有两者有机结合，才能达到理想的学习效果。

学生的主体作用包括自主性、主动性和创造性三方面的要求。根据构建主义学习理论，学生必须要将教师在教学活动中提供的认识材料，通过一定的思维模式去接受、分析和理解，内化成自己的认识，并学会利用其解决问题。教师在这个过程中起到的是引导学生认识到自己的主体地位、激发学生的主动性和创造性等作用。教师的主导作用和学生的主体作用是教学活动的两个方面，缺一不可，只有两者相辅相成、相互促进才能最大程度发挥教学活动的作用，提高教学质量，实现教学目标。

二、整合性原则

整合性原则是指在互联网教学的过程中，将教学所需的各个要素，比如信息资源、教学内容、人力资源、互联网等都整合在一起，形成一个整体，发挥整体的优势以实现教学目标的原则。整合性原则是现代互联网教学中的首要原则。教师在进行整合的过程中，要注意各要素之间的协调关系，使各要素成为一个有机的整体，只有这样才能使整体的功能大于各要素的功能，使整体具备更大的作用。

三、直观性原则

直观性教学原则是指在现代互联网教学的过程中,利用先进的"互联网+"和丰富的多媒体资源,为学生创造一定的教学情境,同时教师还要采用有效的教学方法和教学形式,引导学生进行观察和探究,帮助学生建立表象,形成感性认识,培养学生进行知识构建的能力,最终使学生获得理性认识。

之所以需要在互联网教学的过程中遵循直观性原则,是因为学生群体主要思维方式是直观思维,只有让他们获得直观的器官感觉,才能加深他们对知识的认识和理解。借助"互联网+"和媒体资源,能够从视觉、听觉等方面帮助学生建立对事物的认识,使知识的学习变得更加简单直观,还能以丰富的形式激发学生的兴趣,使学生更加积极主动地参与到学习活动中去。

四、参与性原则

参与性原则是指要求学生在学习过程中,根据教师的指导参与到教学活动中,并在教学活动中发挥自己的主体作用,发挥主观能动性和学习潜能,提升自己的学习能力以及和他人交流合作的能力,最终提升整个教学效果,实现教学目标的原则。

参与性原则是对学生主体地位的肯定,是将学生从被动学习转化为主动学习的必然要求,学生要发挥主体作用,进行主动学习、合作学习和探究学习,就必须要积极参与到各项教学活动中去。

互联网教学具有信息资源丰富、信息手段先进等优势,教师可以在借助各项信息资源和互联网优势的基础上,设计丰富多彩的教学活动,吸引学生参与到教学活动中来,提升学生参与的积极性和主动性。

五、教学最优化原则

　　教学最优化原则是指在现代互联网教学的过程中，根据现代教育理念的指导，将参与到教学活动中的各个要素进行系统优化，从而取得最佳的教学效果的原则。

　　之所以要在现代互联网教学中遵循教学最优化原则，是因为各个教学要素组合之后形成的合力，是影响教学效果的决定性因素。最主要的教学因素主要包括教师、学生、媒体和教学内容四个方面，教学最优化原则要求在单独提升这四个方面的基础上，提高其组合的合理性和有序性，使各方面因素形成一个有机的系统，进而产生最大的效用。

第二章 大学英语自主学习的相关内涵解析

当前我们处于一个崭新的时代，这个时代的典型特征是文化全球化以及信息技术快速发展。在这样一个时代背景下，我们每一个人都需要养成终身学习的好习惯，如此才能让自己的知识时刻保持在更新状态，才能与社会的发展需求相贴合，才不至于让自己的知识体系落后。终身学习离不开自主学习这一习惯的支撑，自主学习的重要性不言而喻，只有主动学习、主动获取知识，才能在较短的时间内真正达到提升自我的目的。

第一节 自主学习的定义与特征

一、自主学习的定义

自主学习的概念像其他流行观念一样，遭到了一些人的强烈反对，他们的反对态度缘自他们误解了自主学习的定义和内涵。最普遍的误解是，自主学习就是自学，不需要教师进行指导。当然，有些人通过自学的方式实现了很大的自主性，许多人则不然，因为自主学习不只是（甚至不主要是）如何组织学习的问题。

对自主学习持错误看法的人还认为，自主学习意味着教师丧失课堂教学中的积极主动地位，放弃课堂的导向作用。这种看法有两个根源：一是认为在自主学习的模式中，教师成为多余的角色，这种观点与前面列举的对自主学习的第一种错误认识有紧密联系；二是认为教师的干预会破坏学习者的自主性。

另一种与课堂学习有关的错误观点是：自主学习模式只是教师针对学生所采用的一种新的教学法。这种看法并非完全错误，因为没有教师的积极鼓励，学生无法达到自主学习的目标，但是自主学习模式的培养并非通过制订一系列的教学计划就能实现。

还有一种错误观点是：自主学习是一种简单而又容易描述的行为。虽然我们可以根据学习者的行为来辨别自主学习者，但是由于年龄的差异、学习进度的不同以及对直接的学习目标有不同的理解，自主学习的方式会呈多样化。换言之，自主学习可以通过各种各样的方式来体现。

最后一种错误观点和前一种有紧密联系。人们有时错误地认为，自主学习是某些学习者达到的一种稳定的学习状态。一些教师夸耀说他们的学生都是自主学习者，把自主学习者与普通学习者完全区分开来。事实上，实现自主学习需要花费很多功夫，而且无法保证这种状态能永远延续，并且自主学习者可能在某些方面自主性很强，但在其他方面可能缺乏自主性。

从本质上来说，自主学习是一种能力。具有自主学习能力的人必须具有独立性，善于进行批判性反思，敢于做出决策，并能独立采取行动。自主学习的前提是学习者必须与学习过程和内容建立心理联系，自主学习的能力体现在学习者的学习方式中，也体现在学习者如何将所学内容应用于更广泛的语境中。

从一般意义上讲，自主性意味着一种相当程度的独立性，自主学习则意味着学习者享有高度自由。但有一点必须指出，自主性所带来的自由并不是绝对的，它往往受到某些条件的限制，一旦理解了这一点，人们就可以消除对自主性的错误认识。

人类的社会性导致我们的独立性和依赖性必须相辅相成，因此从本质上说，人与人之间存在着一种相互依赖的关系。离群索居是孤独症患者的辨别特征，和自主性完全是两回事，患有孤独症的儿童有"严重的社交缺陷，缺乏双向交流能力"。正常儿童所经历的发展性学习是在与父母、兄弟姐妹、祖父母、家庭朋友、邻居等的互动中进行的，教育是一种互动的交往过程，学校教育或者非学校教育都是如此。我们大部分人都会记住自己重要的学习经历，其中一部分经历至少与他人或教师有关，而且我们的自主学习能力可能是在与他人互动的学习过程中培养起来的，为了能开展自主学习，学习者必须创造类似家庭或教室的交互环境。

二、自主学习的特征

20世纪90年代，"主体教育思潮逐渐形成，在教育理论界及实践界的影响也与日俱增，越来越多的教育实验以主体教育理论为指导思想。"至此，人们开始关注什么是自主、自主学习，并开始探索自主学习的本质与特征。

由于人们对自主学习的理论立场和所下的定义不同，对于自主学习特征的描述也存在一些差异。奥德曼认为，自主学习者具备如下特征：（1）对自己的学业成败能够作出合乎逻辑的归因，具有学习的自我负责精神；（2）强烈的学业自信心；（3）相信努力会不断带来成功；（4）会设置有效的学习目标；（5）考虑未来；（6）拥有充足的学习策略，能够监视、控制、调节自己的学习过程；（7）能够有效地管理和使用自己的学习时间与资源。

宾特里奇（Pintrich）认为，自主学习者具有四个方面的特征：（1）对他人提供给自己的信息作出更加积极的反应，在学习的过程中主动地创设学习策略、目标和意义；（2）能够正视由个体差异、情境、生理给自己带来的局限，监控和调节自己的学习行为；（3）能够根据目标和标准来评估自己学习的效果，必要时会对学习目标和标准进行调整；（4）能够利用自我调节过程来调节外部情境和自身特征所产生的影响，以便提高学业成绩，改善学习表现。

我国学者认为，自主学习者应具有下列特征：

（1）对自己的学习有准备，能自己设置具有挑战性的可达到的短期目标；

（2）在学习过程中能够采用必要的步骤，制定向着目标前进的计划；

（3）能够自我调节学习的进程，其设置的目标是与自己的能力和知识背景相适宜的；

（4）能够进行自我反馈和自我判断，自己检查任务的完成情况并相应作出调整以达到学习目标；

（5）能够集中注意和保持明确的目的，能够自我激励，并调用与现有学习相关的知识和技能，有达到目标的决心和克服学习困难的意志；

（6）在面对复杂的学习任务时，能善于运用各种资源，或通过寻求外部支持来克服困难、完成任务，但在此过程中，自主的学习者并非完全依赖外部支持，而是认为自己对解决问题负有责任。

第二节　自主学习的理论依据

一、人本主义理论

20世纪以后，许多心理学家渐渐认识到行为主义和认知主义理论并不能恰当地探讨人类的思维能力、情感体验与学习过程等一系列问题，过于严格的研究方法没有关注到人之所以为人的实质，心理学学习理论的研究出现了明显的机械决定与动物化的倾向，有明显的生物还原倾向。出于对行为主义学习理论与认知主义学习理论中存在的严重贬低人性和非人性化倾向的不

第二章 大学英语自主学习的相关内涵解析

满,20世纪60年代,美国心理学界出现了一场规模较大的运动,美国的人本主义心理学会于1962年成立,第一任主席是布金陶,这标志着人本主义学习理论得到了学术界的认可。罗杰斯对人本主义理论论述较多,他的《自由学习》一书多次再版,专门讨论学习的问题,他也参与了其他学习理论的论述工作,为学习理论中的人本理论做出了不朽的贡献。

人本主义心理学的写作教学理论虽然尚没有形成一套完整的理论体系,但是为教育理论的构架提供了良好的基础,特别是在教育目的上,强调发展人性,注重创造潜能的启发,引导认知与经验的结合,注重人的理性与情感的均衡发展,使学习者肯定自己,进而促进个体自我实现。在教学思想和实践上,主张以自我发展为目的,一切教育方式方法要适合学生的需要,促进学生发展,这些主张反映在学生中心模式及与其相关的开放教育、自由学校、合作学习和自主学习上。在写作教学教育方法上,重视以人与社会的实践为学习内容,注重师生共同设计、共同解决问题并在实际行动中学习。

(1)人本主义课程理论。人本主义课程又称作以人为中心的课程,是20世纪70年代西方教育发展的主要方向,也是人本化教育在课程论上的典型表现,它肯定人的情感、情绪和感情的重要性,坚持课程要从学生作为整体这一立场出发研究,主张统一学生的情感和认知、感情和理智、情绪和行为,强调开发人的潜能,同时促进人的自我实现。

人本主义课程的主要特点:承认学生的写作学习方式同成人的研究活动有着本质的差异;尊重学习者的本性与要求,强调认知与情感的整合发展;学校写作教学课程必须同青少年的生活及现实的社会问题联系起来。根据以上所述的人本主义课程的特点,人本主义者坚持学校课程应该人本化,主张开设三种类型的课程:

第一,体验课程(experiential curriculum):是指通过认知与情感的统一,唤起学生对知识的探求以实现整体人的发展的课程,又称为自我实现课程。它包括综合运用各门学科的知识,在新开发的课程里体验学习。

第二,情感课程(affective curriculum):是指健康、伦理及游戏这一类用在发展非认知领域能力的课程。它包括发展人的情绪态度、价值、判断力、技能熟练、音乐美术以及经过部分改革的体育、健康教育、道德、语文、家政等学科。

第三，学术课程（academic curriculum）：指理解和掌握自然科学、社会科学和人文科学的学术知识课程。这不仅是学术中心课程所追求的内容，而且是人性中心课程所应包含的学术水准。

（2）学生创造性的培养。人本主义学习观认为写作教学的目的是促进个人的自我实现，想象力和创造性的启发就是人本主义教学目标的重点之一。人本主义者马斯洛认为写作教学上的创造性应分为两种：一种是学生特殊才能的创造，并非人人都能具有，也不是一般传统教育所能实现的；另一种创造性是指个体自我实现的创造，这种创造性是针对每一个心智健全的受教育者所应具备的处理新经验、应付新情境的能力而言的，所以说学校写作教学的主要任务是促进自我实现的创造。罗杰斯认为创造性可以分为破坏性的创造性和建设性的创造性，而教学中培养建设性的创造性的前提条件是心理自由感（psychological freedom）和心理安全感（psychological safety）。

心理自由感是指允许个人有自我表达的自由，使其自由地思考和感觉来增进其经验的开放性以及知觉和理解的轻松自如和自发性；心理安全感是指无条件地接纳别人和其他新鲜事物，在写作教学中体现为教育者提供没有外在评价的轻松气氛以及移情理解受教育者。人本主义教育家认为，培养学生的创造性应注意两个因素：

第一，为受教育者提供充分的学习机会。良好的学习机会是影响个人潜能发展的一个十分重要的因素。个人内在的知识结构的内容与品质常与其以往的经验相关，因此教师必须注意指导学生学习生活的体验与经验，以提供自我学习的机会。人本主义心理学家特别重视个人在人际关系中经验的学习，因为这有助于个人创造性的启发和培养。为了促进创造性的培养，教学活动应重视讨论、感受、启发和理解，让学生有充分的时间去思考，有充分的经历去体验，并鼓励学生去实现、探索。

第二，提供良好的生理条件。充沛的精力来自健康的身体，而健康至少应包括充沛的体能、饱满的精神、敏锐的知觉、迅速的活动力以及愉快的情绪。教师应特别注意学生是否有偏食的习惯，食物的正确烹调方法、营养知识、生活习惯、运动和情绪，这些都与学生的健康有关，学校的教育者不应忽视。

相反，限制学生潜能发展的一个原因是教师忽视学生的需要。目前有不少学生由于无法在学校的教育中获得人本自身需要的满足，诸如被动的学习、师生之间的疏离、缺乏情感、破碎的家庭、功课的失败、不能在学校里发挥自己的特长等，而受到严重的伤害，逐渐走向失败。教师必需依据每位学生不同的需求进行教学设计，使学生除了获得知识和技能以外，还能得到关爱与支持，获得成功的经验和自信，最终获得自我实现。

二、二语习得理论

第二语言习得（简称二语习得，L2或L2A），通常指母语习得之后的任何其他语言学习。二语习得研究是应用语言学的一个重要分支学科，涉及语言学、心理学、心理语言学、语用学、社会语言学等许多方面的理论，它对学习者的第二语言特征及其发展变化、学习者学习第二语言时所具有的共同特征和个别差异进行描写，并分析影响二语习得的内外部因素，系统地探讨二语习得的本质和习得的过程，其主要目标是描述学习者如何获得第二语言以及解释为什么学习者能够获得第二语言。

狭义的"二语习得"指在有目标语环境的地方学习除母语外的另一门语言，例如母语为汉语的人到美国去学习英语；外语一般指在没有目标语环境的地方学习除母语外的另一门语言，如在中国学英语。广义的"二语习得"既包括学习外语也包括习得"二语"。

美国语言学家克拉申的语言习得理论认为：人们学会语言主要通过两种方式，一种是习得，另一种是学习。"习得"就是指学习者通过大量的接触和使用目标语，无意识地吸收和获得该语言，并能在无意识的情况下流利、正确地使用该语言。而"学习"则指学习者为了掌握目标语而有意识地学习和研究目标语，且以理智的方式来理解它的过程。

克拉申的监察理论认为，通过"习得"而掌握某种语言的人，能够轻松流利地使用该语言，而通过"学习"得到的语言知识只是对输出的语言进行

"质量检查"监控。与语言的"学习"相比,"习得"比"学习"更能内化语言系统,形成语言能力。

可理解的输入是指学习者听到和读到的语言材料应该是自己已经掌握的,而且材料的难度要稍微高于自己目前已经掌握的,因此我们记住一条简单的公式就可掌握语言输入的诀窍:"Rich Comprehensible Input i+1"。其中的"Rich"意思是丰富的,既要量多又要多种题材、体裁,"i"代表自己现有的水平,"+1"就是"难度大一点",就是要多读多看形式多样、能够基本理解的语言材料。

二语习得理论是自主学习理论的重要支撑。自主学习利用大量的多媒体、多题材、多体裁的外语网络资源开展听、说、读、写、译活动,并且在真实的语言交际中大量接触和使用目标语;由于有网上在线词典等释义工具的辅助,加上语言中心资源的分类和标注,以及播放设备的"变速不变调"技术的使用,使得自主学习者可以很好地控制语言的难度和速度,使外语学习更加高效。自主学习还汲取了社会语言学"语言是交流的工具、语言运用、合作学习"等思想,"以学习者为中心"及其他相关理论也为自主学习提供了重要的理论依据。支持信息化外语自主学习的还有计算机辅助语言教学的思想和现代教育技术的理论。

第三节 影响大学生英语自主学习的因素

自主学习是以内部条件为依据、以外部条件为支持的学习模式。影响自主学习的因素有内在和外在之分。内因和外因相互联系、相互影响并相互作用,共同构成自主学习的机制。

一、影响自主学习的内在因素

（一）信念

学习者对英语学习的信念会影响他们对学习自主性的培养和发展。由于受应试教育和传统教学模式的影响，学生往往认为只有课堂教学才能学习英语，只有考试过级才算学会英语，这种信念忽视了自主学习的作用。英语教学专家奥克斯福德在《语言学习策略》一书中指出，"由学习者自己承担的学习会使学习本身变得更容易、更快捷、更愉悦、更自主、更有效、更能应用于新形势中。"要抱定一个信念：自主学习能力最重要；只要方法对、条件好，自主学习的效果一定会好。只有学习者有坚定的信念，愿意为自己的学习负责，学习效率才会提高。

（二）情感

自主是学习者根据自己的需要和愿望控制学习内容和过程的能力。当学生所学的东西正是学生自己迫切需要的东西时，学习就会变得轻松愉快，学生就会信心百倍。

动力是指激发学生获得知识的内在动力和欲望。动力对自主学习非常重要，它是引起、推动和维持自主学习的基础和前提。学习者有强烈的学习动力和欲望，才可能去承担责任、"自找苦吃"、克难奋进，学习才有韧劲和不达目标不罢休的毅力。当网络的新奇性和多样性不再吸引学习者的时候，激发自己的学习动力尤为重要。

动力还可分为内在动力和外在动力，而自主学习中的学生定目标、定计划、选方法和进行评估等自主性行为能激发"内在兴趣"，提高学习的动力。

（三）归因

归因是指人们对自己成功或失败所作出的因果解释。归因能对学习者的动机产生积极或消极的影响。我们一般将自己学习的成功和失败归因于能力、努力、任务难度和运气四个因素。我们在自主学习时,要学会积极的归因方式:成功时应归因为自己能力强,这样可以产生自豪感,对自己充满信心;失败时应归因为我们的努力还不够或方法不对,而不能归因为我们无能,否则会伤自尊心,产生羞耻感,对未来缺乏信心。把失败和成功归因于可以控制的、内部的、不稳定的因素,会对自主学习的成功抱有更高的期望,提高绩效感。

（四）学习风格

学习风格是人们在学习新概念时处理信息的方式,其实质是学习者喜欢的或经常使用的学习策略、学习方式或倾向,是在长期的学习过程中逐渐形成的、具有鲜明个性的行为,具体表现在认知方面（场独立型和场依赖型）、感知方面（视觉型、听觉型、动觉型和触觉型）、生理方面（谨慎型和冲动型）等。任何人的学习风格都不是单一的,而是多方面的,各个学习风格之间也不是相互孤立的,而是存在着不同程度的联系。因此,对各种学习风格不应有所偏好,褒扬某种学习风格而排斥其他学习风格。

二、影响自主学习的外在因素

（一）教师

教师的行为对学生具有影响作用。学习的主体虽然应该是学生,但教师的主导作用也至关重要。教师的教学模式、教学方法、选材思路等对学生的自主学习都有示范作用。学生会从教师的教法中吸取营养,注意教师观察问题、分析问题和解决问题的观点和方法,指导自己的学习。

教师要与时俱进,自己先做优秀的自主学习者,不断更新知识、转变观念、适应新角色,以胜任现代新型教师的任务;另外,教师要争取更大的自主权，对教师的评价也应体现自主学习能力培养的理念。

（二）教育技术

教育技术在这里是指为信息化自主学习而创造的学习环境和学习支持体系，是自主学习的物质基础，包括学习者在学习中可使用的硬件设施、软件平台、辅导帮助机制、监控机制、可供选择的资源等。它为自主学习提供了多媒体、跨时空、高效率的学习环境，体现了身处信息化时代的学习者应对知识经济挑战和进行网络化、多模态学习的需求，培养了信息化的自主学习的终身学习能力。现代外语语言学习中心集成了这些条件，为外语自主学习提供了理想的场所。

（三）课堂环境

下面我们围绕组成自主学习的三个重要子系统：动机、学习策略（包括认知与元认知）和学习资源的利用，总结课堂环境对自主学习的影响。

1.课堂环境对学习动机的影响

关于自主学习的动机，一般认为，学生个人的成就目标定向、内在动机和学习效能感是非常重要的三个方面。这里，我们分别论述课堂环境对动机的影响。

课堂环境对学生成就目标的影响。近年来，考察不同的课堂环境因素或实验室情境因素对学生目标定向的影响已成为一个重要的研究方向。

有学者提出，过去对成就目标的研究中，主要集中于考察学生个人所持有的成就目标定向与随后的动机、认知及情感结果之间的关系，极少关注课堂教学实践和课堂目标与学生的成就定向之间的关系。事实上，复杂而丰富的课堂环境向学生传递着有关他们从事学习活动的目的的各种信息，教师的课堂教学实践，也包含有多种影响学生成就定向的信息和线索。因此，考察课堂环境因素与学生的成就目标定向和适应性学习结果之间的关系，应该引起研究者的高度重视。

美国语言学家阿姆斯等在其文章里论述了社会比较和自我参照的课堂环境对学生的信息加工和学习结果评价的影响，不同的课堂结构营造不同的目标氛围，从而影响到学生对自我、学习任务和他人的信念。

美国学者帕特里克等对任教5年级的4个教师，以明示和暗示的方式向学生传递掌握性和表现性目标定向信息进行了研究。他们采用问卷法收集了10个班223名学生对课堂中教师设置的掌握性目标和表现性目标结构的知觉，还采用观察法收集了教师在设置任务、权利分配、评价学生、对学生分组、时间控制、社会互动和面对学生求助时等方面的谈话或行为，结果发现，教师把学习看作是积极主动的过程，这样的教师要求所有学生加入学习活动中来，强调努力，鼓励学生间的互动，他们还表现出对学生学习和进步的社会与情感支持以及对学生的关注。相反，表现性定向的教师则强调正式性评价、等级和学生的相对表现。

课堂环境对学生内在学习动机的影响。在课堂环境中，影响学生内在动机的因素是什么呢？围绕这个问题，研究者主要考察了以下两个方面的因素：

首先是教师教学风格中的自主定向与控制定向的影响。关于自主支持（autonomy-supportive，AS）与控制型（controlling，C）教师教学风格的差异，美国学者德西等和美国学者瑞悟等都做过比较研究。总的来说，自主支持型教师是反应性的，如更多倾听学生的呼声；支持性的，如对学生的行为质量的赞许；灵活的，如给学生独立支配的时间；通过兴趣来激发学生，如支持内在动机。相反，控制型教师则是操纵性的，如控制教学材料，对学生指导和命令更多；灌输性的，如向学生直接给出正确答案；评价上批评更多，通过施加压力来刺激学生学习的积极性，如采用控制和强制的做法。

2.课堂环境对学习资源利用的影响

一般来说，学业求助与其他方面的环境创设和资源利用相比，更多地要通过与他人的互动才能完成，因此制约学业求助的因素除了学习者的主观条件以外，还涉及学习环境中的他人因素，本节只考察课堂环境对学业求助的影响。

课堂学习环境中对学生求助行为产生影响的因素大体上有以下两类：第

第二章　大学英语自主学习的相关内涵解析

一类是教师因素。美国教育家迈尔和苏巴特从学生知觉的角度研究了支持或抑制求助的教师特征，他们认为，由于教师通常是学生求助的对象，因此教师对学生的求助作何反应或被学生知觉为作何反应，会对学生产生重要的影响，而且成为课堂学习环境氛围的中心。他们通过与学生交谈，归纳了10类影响学生求助的因素：教师提供帮助的意愿、教师的人格特征、教师对学生求助的反应、教师对学生的期待、教师提供帮助的能力、教师与学生的关系、学生与教师是否熟悉、教师的心境、教师反应的非确定性和教师的性别。

美国教育家纽曼提出，教师对学生学业求助的影响表现在三个方面：

教师的卷入。对适应性求助来说，教师卷入会通过师生间的交互作用和学生对教育的信念而产生影响。当教师将情感投入课堂之中，学生会尊敬教师并在课堂里体验到归属感。被学生知觉为关怀型的教师，能为学生提供一个师生交互影响的学习环境，例如，师生的目的、关注点和情感处于协调的状态。当师生拥有共同的目的时，教师就特别能采择学生的观点，理解学生的想法，并且基于这种理解而对学生的学习做出恰当的指导。友好的、关怀型的教师，他们能对学生保持开放的姿态，表现出民主的互动风格，愿意倾听、探询学生的求助需要，确保学生理解困难的学习材料，以非威胁的方式提供帮助。在这种风格的影响下，学生会认为求助于老师是有效的，老师是值得信赖的求助对象，因而学生愿意向教师求助。

支持自主。自主学习者有较强的自主感，但这并不意味着他们是自足的和独立于他人的。相反，在需要的时候，他们也会对求助感到心安理得。教师支持自主和适应性求助的一个重要的方式，涉及课堂目标定向的创设和对学生个人目标定向的适应。研究表明，在掌握目标定向的环境里，学生真正对知识的理解感兴趣，他们会请求教师提供与任务相关的信息帮助自己克服困难，而不求助的学生则是喜欢挑战，并且表现出良好的坚持性。但是在表现目标定向的课堂中，学生为了掩盖自己的低能，他们一般不会求助，如果求助的话，也表现出非适应性求助，如不经过自己的探索就直接问正确答案。此外，教师应适应学生个人的目标定向。一般来说，具有掌握目标定向的学生，他们会寻求老师的启发而不是正确答案，希望获得老师对他们得出的结论是否正确的反馈信息，他们希望改正缺点，通过自己的努力获得正确答案。相反，具有表现目标定向的学生对这类信息并不感兴趣。教师适应学生个体差异的程度影响到学生的适应性求助，当课堂与个人都强调学习目标时，学生就很可能表现出适应性求助，而如果课堂与个人都强调表现目标时，学生则拒绝求助。还有很重要的一点是，具有表现目标定向的学生在强调学习目标的课堂中会表现为克服回避求助的倾向或对回避求助的倾向有一定弥补作用。

支持胜任。自主学习依赖学生的学业胜任感，教师可以通过提高学生的认知能力和社会交往能力，以满足学生的适应性求助的需要，如创设适宜的学习环境。研究表明，合作学习可以避免学生的社会比较和对求助行为的抑制，教师可建立有助于适应性求助的课堂讨论模式，例如，教师为学生提供针对性反馈，有助于培养学生对自己求助需要的自我意识能力。

课堂环境中，除了教师因素影响学生的适应性求助，同伴也是非常重要的一个影响源。纽曼认为，同伴是儿童在学校社会化的重要动因。同伴对学生的影响表现在三个方面：

同伴卷入。其一是友谊对适应性求助的影响。深厚的友谊可以让儿童开放地表达他们的求助需要，而冲突的同伴关系则使儿童拒绝向同伴暴露自己所遇到的困难。其二是对学生的社会性目标的影响。一般来说，追求合群目标越强烈的学生，会更重视和利用求助，并将求助作为应对学习困难的策略。但应注意的是，追求合群并不一定导致适应性求助和学习成功，因为同伴间的友好也可能使大家贪玩好耍，或者同伴不一定能提供合适的帮助。此外，研究还发现，越是把同伴赞许看得重要的学生，即追求社会地位目标的学生，他们对向同学求助就越可能感到难为情。

支持自主。同伴对适应性求助所需要的自主感，既可能起支持作用，也可能起削弱作用，其影响机制是社会比较。社会比较可能对适应性求助产生积极的影响，它可以给个体提供有关同伴的优势和不足方面的信息，从而使个体对同伴是否具有帮助的能力产生准确的评价，但社会比较也可能对求助产生消极的影响，因为向同伴求助可能被同伴认为是愚笨的表现。

支持胜任。同伴影响胜任能力发展在很大程度上取决于教师允许学生相互帮助的程度。与个体化课堂活动（教师认为学生不需要相互帮助）和全班活动（提问通常是教师对学生而不是学生对教师）相比，在小组合作的环境里，当学生需要求助时，他们可以借助于同伴，并且随着这种经验的增加，他们逐渐会成为善于互相提出高质量问题的学习者。

（四）社会文化

文化因素影响着学习者的行为、学习价值观的思维习惯，因而会直接影响自主学习的效果。有人认为自主学习概念源于西方文化，它被赋予的西方文化民主自由和崇拜个人主义价值观不适合在以强调教师权威性的东方传统教育文化中发展。但也有人认为，东方学习者和其他文化中的学习者一样，都具有自主学习能力，都有较高的自主学习意识，他们都希望自己是自主学习的主体，东西方学习者只是有着不同的特征罢了。西方学习者一般果断、独立、自信，愿意提问，接受多元的结论，喜欢求异和逆向思维；而东方学习者更多地依赖机械学习，注重所学内容的复现，在学习过程中表现出更多的被动、顺从，倾向于沿着已经设定好的学习方向和学习目标来学习。此外，影响自主学习能力的因素还有智力、学习意志、自我管理能力等。

第四节 大学生展开英语自主学习的意义

一、提倡大学英语自主学习的原因

知识经济社会标志着终身学习时代的到来。知识经济社会不仅构成了终身学习时代的社会基础，而且学习化社会的形成也是知识经济时代赖以存在的重要条件。在知识经济社会，知识将成为生产力的主要特征；知识和智力开发是未来经济发展的动力；知识将改变未来社会人们劳动的含义和结构；

知识生产促进国家创新体系的进步,科技、教育系统在国家创新体系中具有重要作用;知识和学习把人们联系在一起,增强人与人之间的相互信赖,增强人与社会、人与自然的联系;掌握知识的将是知识社会的全体社会公民,终身学习将成为每一个社会成员自我完善、自我发展的必然要求,正规教育并非教育和学习的唯一途径;终身教育、终身学习构成知识社会的基础;构建学习化社会是迈向知识经济社会的必然环节。

二、提倡大学英语自主学习的意义

(一)培养学生发现问题和解决问题的能力

自主学习通常是围绕一个需要解决的实际问题开展的。在学习过程中,学生和教师结合课程要求和目标,共同商讨和选择课题内容。教师引导和鼓励学生自主发现和提出问题,运用他们已有的英语学科知识和经验收集资料、分析、调查、研究,设计解决问题的方案,并进行成果交流,通过一系列的学习活动,使学生在实践中学习和运用英语,培养他们发现问题和解决问题的能力。

(二)培养学生收集、分析和利用信息解决问题的能力

自主学习是一个开放的学习过程,在学习过程中,学生为了对所提出的问题进行研究并设计解决方案,就需要围绕研究的问题主动地收集信息,并进行加工和利用。在英语自主学习中,信息渠道众多,因特网的普及和发展更是为其提供了大量的信息来源。学生在收集、整理和分析信息的过程中所接触的都是真实的语言环境,这为英语综合能力的培养提供了重要途径。通过自主学习,可以培养学生学会利用多种有效手段,学会判断和识别信息的价值,并恰当地利用信息解决问题,从而发展收集、分析和利用信息解决问

题的能力。[①]

（三）培养学生的研究与探索能力

自主学习强调学生通过自主参与类似于科学研究的学习活动，在学习活动中亲身体验，从而激发探索创新的欲望，获得自主参与式研究的情感经历，提高研究与探索的能力。

（四）培养学生的科学态度和坚强品格

在进行自主学习的过程中，要强调培养学生认真扎实探究、实事求是得出结论的科学态度，并培养学生形成尊重他人思维及成果的品质，养成严谨求实的科学态度和不畏困难、不断进取的精神。

自主学习是切实减轻学生课业负担、全面实施素质教育的需要。自主学习可以改变学生在原有的英语教育、教学条件下所形成的那种偏重于记忆和理解、立足于接受教师知识传授的学习方式，形成一种主动探求知识并重视解决问题的学习方式，它是培养学生创新精神和实践能力的有效手段。

传统的英语教学中，大量的课堂教学现象显示出"以教师为中心"的特色，所看到的是教师在讲什么、怎么讲，教师即使提出问题，让学生回答，也是设法把学生的思维引导到他所设定的标准答案上来，而不是学生会有哪些疑问，怎样使学生自己去分析问题、解决问题。这样的教学忽视了对学生思维能力与学习能力的培养，影响了学生终身学习能力的获得，从而大大制约了学生的可持续发展。当今世界是一个知识爆炸的时代，知识的更新周期越来越短，终身学习能力成为一个人必须具备的基本素质。在未来发展中，学生是否具有巨大潜力，是否具有竞争力，是否具有在信息时代生存的本领，从根本上讲都取决于学生是否具有终身学习的能力，所以从这一点上看，自主学习有利于培养学生终身学习英语的能力。

---

① 沈冬梅. 高中英语课程与教学研究[M]. 上海：上海教育出版社，2009：121.

"互联网+"时代下的大学英语自主学习能力培育路径

　　培养学生自主学习的能力是时代的需要，是英语教学改革的需要，是切实提高英语教学质量的需要，也是培养现代人素质的需要。要促进学生的自主发展，就必须最大可能地创设让学生参与到自主学习中来的情境与氛围，让学生学会自主学习，养成自主学习的品质，以提高学生的素质，为他们以后进入更高一级的学校和走上社会后的继续教育而打好扎实的基础。

第三章 "互联网+"时代下大学英语自主学习的常见问题

大学生在学习英语的过程中通常会遇到各种各样的问题，这些问题往往为他们的英语学习带来或大或小的障碍，在某种程度上影响了大学生英语水平的提升。例如英语学习过程中的情感障碍、学习动机衰退、学习拖延等，这些问题在当前"互联网+"时代仍然存在，因而需要教师以及学生给予足够的重视。本章就对这方面知识展开深入研究与分析。

第一节 大学英语学习情感障碍

情感究竟是指什么呢？"情感"有着非常丰富的内涵，包括多种心理活动、思想状态，我们常见的愉快、难过、痛苦、愤怒、紧张等情绪都属于情感范畴。情感是对现实生活的真实反映，其中蕴含了人们对于客观世界的主观态度。人在面对来自外部环境的影响时会本能地做出相应的反应，这些反应往往不具有重复性，带有一定的情感色彩。简言之，情感是人对待现实的一种情绪、态度，它在人的日常生活中起着重要作用，甚至会直接影响人的行为活动。

一、英语学习情感研究

（一）情感体验与情感反应

与认知相比，情感更侧重心理活动，它具有一定的特殊性，即在情感发生时，主体会出现身体和心理的双重反应。

情感体验是指产生情感时主观上的体验，它的特征两极对应，即情感的两极性，表现形式为肯定性质的情感和否定性质的情感的对应，换句话说就是对同一对象和现象可能持积极或消极的态度，接受或摈弃它，如焦虑—放松、喜爱—厌恶、满意—失望等。当然，复杂的情感体验往往同时包含有肯定和否定性质的情感，如既爱又恨、悲喜交加等。

情感反应是指身体在情感发生时所出现的变化，这些变化与情感体验相联系，是情感外部表现的一部分。受到情感影响，各身体动作变化会充当一定的表情含义，例如我们将面部发生的变化称为面部表情，将身体形态或动作的变化称为身体表情，将语速快慢、音量的大小、音调高低的变化称为语言表情，这些表情彼此联系、相互影响，共同构成了情感反应。通常情况下，表情可以直接或间接地反映出一个人的情感体验，优秀的教师能够在日常教学中捕捉学生的情感反应，通过这些反应及时掌握学生的学习情况以及学习态度。如果教师只顾在讲台上自说自话，学生不做任何反馈，那教学效果必然会大打折扣。

（二）情感的功能与作用

（1）调节功能。调节功能指的是情感会对行为起到调节作用，在一定程度上还会改变行为发展的趋势。好的情感会增强人的学习动力、提升人的学习热情,负面的情感甚至会让人放弃学习。如果一个学生对外语课充满了恐惧,那么他可能会通过各种方式逃避学习,这也势必会对外语学习产生消极影响。目前调节功能在心理学方面深受重视,情感动机在整个学习过程中都起到了举足轻重的作用。

(2)影响工作记忆。人们在面对自身喜欢的学习时可以很快地进行熟记,对那些不感兴趣的内容,记起来十分困难。

(三)情感差异

人们在很长的一段时间里都认为意识支配了人的一切行为,然而情感对意识也有很强的制约作用。情感既可以推动认识活动的开展,又可以对其产生阻碍作用,例如紧张情绪会降低人的活动能力,进而束缚人的行为。

人与人之间情感产生的速度、强度、延续性是不同的,这种情感的差异主要体现在以下几个方面:

(1)情感的深度。指个人对情感的体验程度,如喜爱,有的人可为之废寝忘食,竭尽全力,有的人却只不过比做其他事情多花一点时间而已;又如焦虑,有的人只是在某特定场合情绪稍显紧张,而有的人却惶惶不可终日,甚至因此而放弃行动。

(2)情感的稳定性。指个人对情感体验及其影响的持久程度,情感的持久性和波动性是其具体的表现形式。个体如果情感不稳定,就会出现心神不宁、反复无常的行为表现,受到某种原因影响,一种情感会突然引发,但是这种情感又会因为受到另一因素影响而很快发生变化。这类人在学习时不能做到气定神闲,他们往往"胜就骄,败就馁",遇到困难就垂头丧气、立马退缩。如果一个人情感波动较大,那他的持久性也会很差,情感深度与情感的稳定性相互关联,情感体验深的人一般情感也较为稳定。此外,情感的稳定性可以从侧面反应出一个人的情感操控能力。

(3)情感效能。情感能够激发、鼓励人的行动,情感的效能就是指将情感转化为行动的能力。情感是复杂多样的,大致可以分为正面情感(如愉快、兴奋、满意、期待等)和负面情感(如焦虑、失望、痛苦、烦闷等)。

如果一个人的情感效能较高，那么任何情感都比较容易被其转化为行动的动力，一个情感效能低的人往往更容易停留在情感体验的层面，不能将情感体验转化为实际行动。

情感差异反映了不同个体的性格情绪特征，由于人的情感影响人的行动，所以了解不同个体的不同情感特征、情感差异是十分重要的。

二、英语学习中的常见情感障碍

情感障碍具体表现为焦虑、厌倦、恐惧、紧张、冷漠等，通常情况下，如果学习者心理压力很大、思想过于紧张，势必会使其学习效果大打折扣。

（一）外语交际恐慌

1.外语口头表述焦虑

口头表述焦虑是指说话者在没有安全感的情况下，由于表达水平有限或者受到紧张氛围的影响而引起的内心焦虑不安，导致交际无法正常进行，这种情况在英语学习的初级阶段比较常见，有时也会发生在中、高级阶段。

学生开口表述本来就存在一定的困难，再加上气氛紧张、沉闷或压抑，表述时势必体验焦虑，体验焦虑的学生其想法不外乎以下几种：第一，自己不如别人；第二，讲不好失面子；第三，沉默是金。其典型的心理活动如下：

——我不习惯用英语回答问题。

——想到要用英语表述我就紧张、惶恐。

——那么多人盯着我，我很不自然。

——我害怕老师叫我单独回答问题。

——我现在不行，等适应了环境再慢慢争取机会。

2.外语领会焦虑

（1）领会的心理机制

在说英语时，人们按照英语语法及发音规则将意思"编成语言信号"（encode a message）表达出来，因而在听英语时，我们就必须按照同样的语法和发音规则将语言信号"破译出来"（decode a message）。

（2）领会的困难

学生在听的过程中，不能充分发挥心理机制的作用，会出现一些难以克服的困难，焦虑心理及表现。

由于领会困难，学生在语言交际或课堂师生交往过程中听不懂、跟不上，自然而然产生一系列的消极心理，我们称之为焦虑心理。如：

——听到讲英语我就头发麻、心发慌。

——我实在是每个字、每个词都注意到了，还是听不懂，真不知怎么办。

——我在听和领会方面实在是无能为力。

——听不懂真是活受罪。

——我对自己失去了信心。

——为什么别人都能听懂，而我却不行。

——反正听不懂、跟不上，不如做点别的事。

领会焦虑在语言交际或课堂学习中常以下列形式表现出来：

恐惧。害怕参与交际或与教师、同学进行课堂交往，进而发展到害怕上英语课，特别是听力课。

烦躁不安。听不懂，抓不到重点，心烦意乱，坐立不安。

抵触。因听不懂、跟不上而赌气。跟自己赌气，放弃交际和交往；跟老师赌气，摔钢笔、课本，不交练习，怨恨老师；拿公共财物赌气，将课椅弄坏，在墙上乱涂乱画，以发泄心中的不满。

（二）担心否定的社会评价

有些学生害怕给老师、同学们留下负面印象，为了维护自身形象采取消极态度面对各项课堂活动。

（1）逃避。学生严重关注自身缺点，担心自己无法回答教师提问，而最终选择放弃。

（2）白日梦。学生因回避课堂活动，心不在焉，任想象天马行空。他们从外表看表现得文静、守纪，但内心却想入非非，心猿意马。教师向其提问时，仿佛没有听见，毫无反应，或者要其回答课文上的问题时，半天找不到地方。①

（3）过分依赖。学生缺乏自信，一味地依赖教师或班上同学，特别是在学习遇到困难时，望而生畏，作业难度大、完不成，不是积极思考、努力想办法，而是等待同学的帮助、老师的讲解；练习做不出等着对标准答案；作文写不出，等着参看范文。

（三）外语考试焦虑

考试焦虑是一种由于害怕失败而过于担心考试成绩的情感。外语考试是种类最多的考试，一直贯穿于学习的各个阶段，即便是成绩不错的学生也极有可能在考试中发挥失常，因此考试焦虑现象普遍存在。

1.一般考试焦虑

不管是常规的还是非常规的外语考试，都会带给学生一定程度的心理压力，从备考阶段到成绩公布的整个过程中，学生时刻处在一种焦虑、心慌的状态下，一般可以概括为：

复习期间的担忧心理。外语考试题型众多，知识涵盖面广，基本不会组织系统复习，不划定考试范围，另外，听力和口语测试也带给学生很大的压力，要应对英语考试就要全部掌握听、说、读、写、译五项基本技能。学生在备考时，常因为复习内容太多而不知如何下手，不清楚考试重点和学习要领，这种盲目复习加重了学生内心的焦虑、紧张。

考试中的紧张心理。外语考试题量较大，对比其他考试，时间更为紧

---

① 文卫平，朱玉明.外语学习情感障碍研究[M].西安：西北大学出版社，1998：79.

迫。学生很容易因为考场严肃的气氛而感到恐慌、不安，伴随出现无法集中注意力、视听困难、思维混乱，不能发挥自己的日常水平，有的同学由于紧张甚至会出现手发抖、忘写姓名的情况。

交卷后的懊悔心理。学生交完试卷，走出考场，发现没有把握重点，大意失分，责怪自己平日没有好好学习，悔恨自己由于过度紧张没有答完。

成绩公布前焦急不安心理。结束考试后，学生以一种急迫、不安、期待的矛盾心理等待成绩公布。成绩好的学生关注自己是否发挥了实际水准，是否能稳住排名；成绩一般的学生想知道自己是否有进步，排名有没有变化；基础较差的学生担心自己能否及格，排名是否进步。

2.统考焦虑

外语是所有学科中统考最多的课程，在各个英语学习阶段都有相应的全国性质的考试。

统考是一种全国性质的考试，可以说从实施以来就对英语教学起了一定的推动作用。在我国高校学生学习中，大学英语四、六级和专业英语四、八级这两种统考有着十分重要的地位，考生逐年增加，考试成绩也逐年提高。由于统考在广大考生心中地位非同一般，所以大多数学生都会出现不同程度的焦虑心理，主要可以分为以下几种情况：

（1）不知所措。由于学生自身对统考了解并不深入，加之家长、教师过分夸大统考的意义和难度，导致考生对统考有一种"遥不可及"的初印象，在心理上产生恐慌、焦虑。面对统考，学生无所适从，不知道从哪入手，紧张情绪进一步影响其学习效果，慢慢地就会形成恶性循环。

（2）情绪表现失控。在考试前很长一段时间，有些考生都一直陷在低迷的情绪状态，他们对周围的一切都失去兴趣，很少与教师、同学联系，几乎不去参与各种文化活动，虽然对外语感到迷茫、无奈，却也不敢出现一点松懈，所以就使自己在焦虑与痛苦之中无法自拔。

（3）生理机制失调。考试所引起的焦虑、紧张在生理上有十分明显的表现，如出现神经衰弱、食欲不振、记忆力下降、精神涣散、头晕恶心等，一些情况较为严重的同学甚至还需要进行休息调理。

第二节 大学英语学习动机衰退

外语学习动机是一个十分复杂的心理概念系统，外语教学研究者历经五十多年的研究，终于在这方面达成了基本一致的意见，然而外语学习动机的定义及其各结构之间的关系仍需要进行更加深入的探讨。

一、动机

（一）外语学习动机的定义

在外语学习的研究中，各研究者（如外语教师、外语教学研究者、心理学家等）对动机的概念并不统一。在同一理论框架中，多次提到动机这一术语，但其涵盖的范围却并不相同，这就会导致动机理论在结构理解中出现偏差，所以对外语学习动机的定义加以确认是进一步讨论其动机结构的前提和基础。[①]

外语教师所认同的动机是指二语学习的过程中学生付诸的时间和精力；心理学家所认同的动机是指为了达成某种目的，人们进行的选择以及需要付诸的精力。动机的定义在上述两种观念的基础上提出，即学习者对于学习行为的认定、努力、坚持。学习者受课上教学和社会生活的影响，在实际外语学习活动中对于这些认定、努力、坚持的程度很难保持不变，这就会使外语动机发生变化。

近年来，有研究者想要通过结构方程模型技术证明外语学习动机的内在结构这一想法，从侧面说明动机具有多层次性，这些研究从认知、行为、情感等方面入手，更加具体地研究了动机的特点，更加深入地考察到了动机结构。焦

---

① 王志敏. 外语学习动机激发策略的理论与实证研究[M]. 北京：光明日报出版社，2014：110.

第三章 "互联网+"时代下大学英语自主学习的常见问题

虑、自学习效果和自我效能等一系列相关内容都被归纳于内部结构中，在整个学习过程中，学习者所表现出的焦虑、期待、努力、坚持等都被看作研究动机问题，是不可缺少的因素。动机的社会心理模式被归纳为三个方面：（1）融入型方向；（2）动机的前提条件；（3）学习语言的态度和学好语言的美好期待。

（二）外语学习动机系统结构

外语学习要将学习动机的广义和狭义作为研究前提，对外语学习动机进行细致区分。一般情况下，我们可以将外语学习动机的内容概括为四种（如图3-1），即影响因素、动机状态、语言学习结果和相关因素。

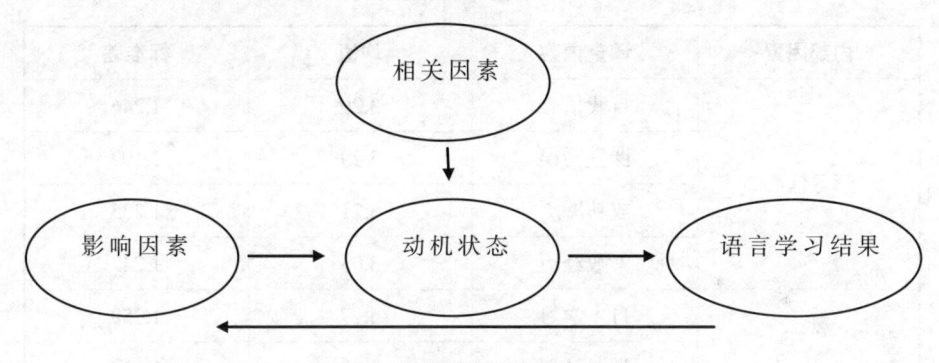

图3-1 外语学习动机研究内容

通常来说，影响因素就是动机的原因，它包括归因、倾向性、语言环境等产生动机的各种直接因素。语言结果和非语言结果是语言学习结果的两种表现形式，语言结果指的是受动机作用的影响而收获的语言知识和能力；非语言结果指的是在语言学习的过程中可能会造成情感、态度层面的结果，如出现满足、期待、焦虑等情绪。

除此之外，由于非语言影响因素和结果在内容上有一定的重合，因此动机同样也会受到非语言结果的影响。动机中包含那些存在差异化的因素，如性别、年龄、性格、风格等，这些因素往往会因为个体的差异化而产生不同的动机。外语学习动机系统的内在结构由影响因素、动机状态和语言学习结果共同构成。

二、动机衰退的影响因素

外语学习动机研究从影响英语专业学生动机衰退的外部因素和内部因素两方面展开调查,共包括六个影响因素。

（一）内部因素

内部因素为学习信心、学习策略、学习倦怠、未来就业。

表3-1 内部因素下各题的得分情况

内部因素	调查内容	均值	标准差
学习信心	自我信心	3.29	1.246
	课堂错误	3.29	1.192
	成功阅历	3.21	1.235
	失败经历	3.03	1.242
学习策略	自主学习	3.27	1.259
	学习计划	3.22	1.195
	推理归纳	3.21	1.214
	合适策略	3.19	1.1817
	预习复习	2.94	1.248
学习倦怠	课业负担	3.26	1.204
	自我松懈	3.21	1.268
	学习耐心	3.10	1.187
未来就业	工作能力	3.41	1.052
	就业前景	3.32	1.287
	本科专业	2.32	1.361
	职业计划	2.03	1.128

第三章 "互联网+"时代下大学英语自主学习的常见问题

学习信心指的是对自我学习能力的坚定信念和正面分析，对自我信心、课堂犯错、失败经历和成功阅历的调查意在观察各因素对衰退动机衰退的影响程度。此项题目的均值都高于3.00，进一步分析出学习信心对英语专业学生学习动机的衰退具有明显影响。

学习策略指的是在学习过程中，学习者运用具体的学习方法、技巧提高学习效率。自主学习能力较低、不善于规划学习、少用归纳推理学习策略与学习内容不匹配等题目的均值都高于3.00，进一步分析出教学策略不匹配，严重影响到英语专业的学习，这点与我国学者李琳研究中的观点相符。目前我国现行的外语教学体制在一定程度上造成了无效的学习策略，教育模式中所提倡的"以教师为中心"以及教育理念所倡导的"以学生为中心"之间存在差异，进而影响英语专业学生学习策略规划失衡。

这些题目都表明了如果长期面临学习压力将会使情绪转为负面，生理上也会产生极大的消耗。放任的自我管理、沉重的课业负担、缺少学习耐心三道题的均值趋于3.00。除此之外，调查结果显示，仅有9.74%的人从来没有产生过倦怠感，可见英语专业学生的衰退动机受学习倦怠的影响较为强烈。

未来的职业规划对学习动机衰退的影响是研究未来就业的重要课题，根据调查结果，"对英语专业就业前景感到迷茫"和"认为英语成绩更重要"两道题的均值分别高达3.32和3.41，进一步说明了学生对未来产生消极态度在一定程度上受到就业市场的影响，如未来市场激烈的竞争环境以及市场需求偏向复合型、高素质人才，这些来自市场的巨大压力致使学习动机出现衰退的趋势。然而，大部分英语专业的学生表示自己的第一志愿是英语，且想要从事与英语相关的职业，所以"职业计划"和"本科专业"的均值比较低。综上所述，动机衰退受未来就业因素的影响并不明显。

（二）外部因素

外部因素为学习环境和教师教学。

表3-2 外部因素下各题的得分情况

外部因素	调查内容	均值	标准差
学习环境	交流机会	3.71	3.054
	同龄压力	3.48	1.206
	学习氛围	2.93	1.253
	合作学习	2.86	1.191
	班级人数	2.62	1.243
	二外干扰	2.57	1.096
	教学设备	2.50	1.043
教师教学	课堂氛围	3.53	1.127
	教学方法	3.45	1.103
	课堂互动	3.35	1.163
	有效反馈	2.97	1.177

学习环境指的是能够影响学生学习的外部条件，根据调查结果，学习氛围、班级人数、合作学习、教学设备以及二外干扰这五道题的均值都在3.00以下。由此可以推断动机衰退受学习环境影响的程度较小。

三、大学生英语学习倦怠与动机消极变化

（一）外语学习倦怠的理论解释假设

在外语学习过程中，外语学习倦怠是其存在的一种特殊形式，因此外语学习倦怠也可以依照上述理论进行解释。消极情感是学习倦怠的重要表现，由它引起的学习动机的消极变化在外语学习过程中被逐渐发掘。

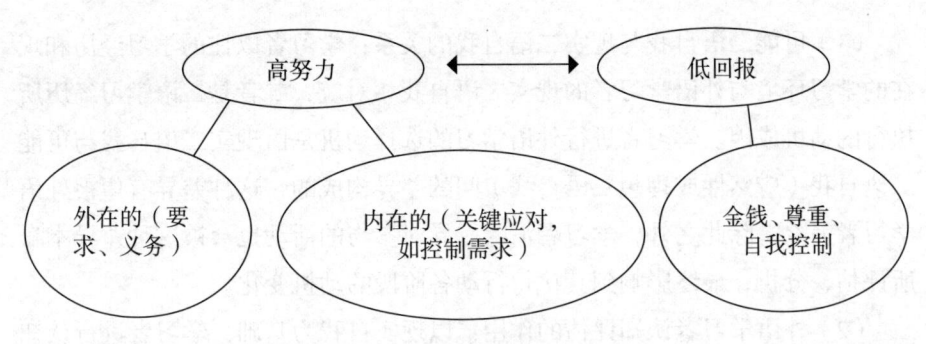

第三章 "互联网+"时代下大学英语自主学习的常见问题

```
         高努力  ←→  低回报
           │          │
    ┌──────┼──────┐   │
外在的(要  内在的(关键应对,  金钱、尊重、
求、义务)  如控制需求)      自我控制
```

图3-2 学习倦怠的变化情况

此假设阐释了外语学习者的个体差异，即针对消除个体差异活动的认知评估，进一步说明了其在外语学习与发展过程中所产生的影响和作用，这种认知评估可能并不是学习者有意识的活动，但却能使其明确得知评估的结果。在调查外语学习倦怠的主要特征的过程中，找出学习者上述认知评估结果的证据是支撑学习倦怠假设的理论基础。

在此理论解释假设中，倦怠心理综合征的主要特征和重要症状全部显现，分别是由消极情感和动机消极变化所致，二者是相辅相成的关系。此论述进一步优化了希金斯自我差异理论在消极情感关系和动机变化的论证中的缺陷。除此之外，外语学习动机变化与自我差异理论可以通过外语学习倦怠概念实现更为密切的联系。基于以上论断可以将二语动机自我系统理论作进一步阐释，深刻揭示消极动机与情感在外语学习过程中发生的变化。

（二）扩展的二语动机自我系统

二语动机自我系统的一个重要理论来源是希金斯的自我差异理论，该理论系统地阐释了消极情感（与烦躁相关或与颓废相关）和动机变化之间的关系，但该理论仍存在一定程度的缺陷。二语动机自我系统理论同样没有运用该理论，其在消极情感与动机变化方面缺乏深入讨论，理论基础较为单薄。根据研究，学习动机消极变化和消极情绪发展是英语学习倦怠的主要症结，两者相互关联，相伴产生，这一观点进一步补充了自我差异理论研究中较为浅显的讨论。

（1）可能二语自我与现实二语自我的关系：学习者以往的学习经历和现在的学习环境与外语学习者的现实二语自我相对应，二者是二语学习经历所执行的动机成因。学习者进行外语学习的选择动机是由现实二语自我与可能二语自我（应然性或理想二语自我）间的差异构成的，这种差异有望被外语学习者消除。除此之外，学习者消除差异时参与的活动也会被这种差异本身所评估、分析，最终影响到其执行行动各阶段的动机变化。

（2）外语学习者认知评估的作用：以现实自我为基础，学习者进行认知评估发现，现实二语自我与可能二语自我存在长期的差异，这种差异很难消除。因此，当出现消极的学习活动结果时，极为容易出现学习倦怠的情况，如果这种差异有逐渐变大的趋势，换句话说就是连续出现消极结果，学习者就会产生烦躁、焦虑等负面情绪。面对这种情况，学习者执行动机变化显得较为复杂，积极变化和消极变化都有可能出现。如果外语学习认知评估结果是正向的、积极的，另外消除差异的努力程度和时间长度都处在适当范围，外语学习者的执行动机就会继续保持或增强，反之则降低。

（3）外语学习动机消极变化过程中的相应感情发展：现实二语自我与可能二语自我之间存在差异，这种差异会伴随学习活动产生两种消极的情感，即与烦躁相关的消极情感和与颓废相关的消极情感。在学习活动认知评估的过程中，学习者如果发现活动结果缺乏积极性，就会随之产生消极的情绪，这种外语学习倦怠的主要特征，也是外语学习动机消极变化的重要评判准则。

在解释外语学习者行动中消极情感变化和阶段执行动机的消极变化时，可以充分借助扩展后的二语动机自我系统理论加以阐释。值得注意的是，希金斯自我差异理论提出由于不同类型的自我会存在一定的差异，所以会导致研究结果的多样性，进一步影响到消极情感以不同的形式出现。

第三节　大学英语学习拖延问题

一、学习拖延

（一）学习拖延分析

个体的拖延行为在学习领域即表现为学习拖延或学业拖延，由于"学习"强调情境，而"学业"更侧重学习的结果，故本书统一采用学习拖延。

李洋认为，学习拖延有自愿、回避和非理性三个特征。自愿是指学习者自身主动决定延迟，具有主观意愿，希望将学习任务推后开始或者延迟完成。回避是指学习者根据自身的偏好和想法优先选择其他事情，不愿意开始或者执行原订的学习计划，有回避某项学习任务的倾向或表现。非理性是指学习者明明知道推迟学习任务可能致使其无法按时完成任务，或导致其考试不及格等不良后果，但仍然选择进行拖延学习任务的不理智行为。

陈保华认为学习拖延的三个关键要素是行为意向、意向与实际行动的差距和情绪困扰。行为意向指学习者先前要有做某事的意向或打算，如果本身并没有意愿，那么拖延就无从谈起了。意向与实际行动的差距指学习者开始学习任务之前的规划和时间安排与执行任务的真实情况和实际时间之间的差异。一般来说，实际情况往往要比原先计划开始得晚，学习任务进行得很慢，完成任务的质量也要比预期的差，即学习效果不好，如作业潦草、考试不及格、学期论文不合格等。情绪困扰指学习者由于没有达到预期目标，最终产生的焦虑、抑郁、沮丧等不愉快的情绪感受，并引发其他的情绪困扰。

赵婉黎将"academic procrastination"译为"学业拖沓"，认为只有拖沓可以体现无故将学习任务推后的不理性行为。她认为学习拖延有四个特征：学习行为延迟、学习计划不足、学习执行不力、学习完成不佳。

总的来说，陈保华与李洋的观点更接近些，他们都注意到了学习者自身的意向以及实际行动晚于计划的特点,陈保华强调了不愉快的情感体验。但李洋和陈保华总结的学习拖延的特点其实也适用于拖延本身。赵婉黎注意到学习情境的特殊性,她试图强调学习拖延不同于一般性拖延的特点是"学习",因此在每个特点中都增加了"学习"这一限定,但是她所列出的"学习计划不足"和"学习执行不力"并不完全属于学习拖延的特点,而应该是学习拖延的原因,而且对于积极性的学习拖延来说,并不是学习计划不足导致拖延,拖延恰恰是学习计划的一部分,所以不能说学习计划不足是学习拖延的特点。

学习拖延不同于一般性拖延的最大特点是其任务性,即学习任务包括准备考试、完成作业、论文写作等。相比其他日常事务,学习任务压力更大、更加复杂,并且有教师做监督进行考查。此外,学习任务完不成的后果可能比一般任务更加严重,如毕业考试或升学考试不通过会直接影响学生的生活,甚至会改变其命运。学习拖延不同于一般性拖延的另一个特点在于其主体的特殊性,一般来说,大部分学习者的年龄分布为6~18岁,研究生的年龄稍大,因此绝大部分学习拖延的主体从性格到心理都还处于发育阶段,还不成熟和稳定,责任心还不能与成年人相比,所以发生学习拖延的概率更大,更容易出现问题。由于学习拖延主体的年龄比较小,一旦学习拖延的行为出现,学习主体不愉快的心理感受可能更严重,对他们的影响更大,尤其是当他们尚不知如何成熟地处理这些问题时。

综上所述,笔者认为学习拖延不同于一般性拖延的特点在于其任务、主体和情感体验的特殊性。

(二)学习拖延的后果

学习拖延作为一种特定情境下的拖延行为,一直以来都像人们对待任何一种拖延一样为人们所憎恶,家长和老师们憎恶学习拖延,认为正是学习拖延导致孩子们学业成绩不佳,学习拖延是学习者表现不好的罪魁祸首。但是随着近年来对拖延问题研究的逐步深入,研究者逐渐认识到,学习拖延其实是涉及行为、情感、认知等各方面的心理问题,非常复杂,不能简单地把学习拖延归结为学习者学习结果的唯一根源。学习拖延对于学习者既有消极的后果，也有积极的后果，下面分别就学习拖延消极的后果和积极的后果进行讨论。

1. 消极的后果

一般而言，人们都会认为学习拖延不利于学习，具体来说，有如下几点：

（1）学习拖延造成学业成绩不佳

学习拖延会导致学习者学业成绩不佳。学习者在准备考试时拖延，无法充分备考，会直接导致考试成绩不佳，甚至考试不及格。学习者平时学习拖延，教师布置的学习任务没有按时完成，会影响听课的效果，进而影响学习者对基础知识的理解和吸收，最终体现在期终考试成绩上。考虑到期终考试评价方式的局限性，现在学校里普遍实行形成性评价，学习者平时的作业与论文都会与最终考评相联系，因此平时作业和论文拖延也会影响学习者的成绩。王灵芝认为，学习拖延会造成学习任务无法按期完成、学业成绩差。

（2）学习拖延带来不良的情绪影响

学习拖延行为会导致学习任务无法完成，或者虽然完成但远远落后于规定进度，再加上考试成绩不佳等后果，拖延者往往会受沮丧、抑郁、焦虑等不良情绪的困扰，不良情绪又会加重学习拖延，形成恶性循环。

（3）学习拖延降低自尊和自我效能

学习拖延除了会使学习者受不良情绪困扰以外，其带来的学业上的失败还会使学习者产生挫败感和学习无助感，严重影响学习者的自信心和自我效能感，会降低他们的自尊，使他们怀疑自己的能力，影响以后的学习生活。

（4）学习拖延影响身体健康

学习拖延给学习者造成了不良情绪，在心理上打击了学习者的自信心，学业失败给学习者带来巨大的精神压力和自责，进而引发学习者身体和心理健康出现问题。

2. 积极的后果

近几年的研究显示，学者认为学习拖延也有其积极的后果。

（1）学习拖延可以提高效率

一方面，一些学习者推迟了开始学习任务的时间，使得任务完成的后期时间非常紧张，时间压力增大许多，这固然会给学习者带来焦虑，但另一方面，学习者迫于时间压力而精神高度集中，全身心投入学习任务，下意识避开其他因素的干扰，极大地提高了学习效率，获得最佳状态。

（2）积极的学习拖延可以提高自我效能

与消极的学习拖延相比，积极的学习拖延属于更加主动的拖延，积极的学习拖延者根据自己的时间更加紧凑地安排学习任务，努力提高效率，以完成更多的任务，达到更高的目标。他们为提高效率而压缩任务完成时间，因此，任务开始得较晚，但任务一旦开始，这些学习者就全神贯注，集中精神，全力工作。他们往往能在原先计划的有限时间内完成学习任务，也许有的任务完成得还不错，无论如何，能够在非常有限的时间内完成应完成的任务本身就会极大地提高这些学习者的自信心和自我效能，也使得他们会再一次压缩任务时间；另外，积极的学习拖延，进一步提高了学习者管理时间的能力。

二、大学英语学习中的拖延问题

拖延是指个体主动推迟完成应该完成任务的行为倾向，一般认为拖延会引起心理不适感，是一种非理性的行为。

所罗门和鲁斯布鲁姆认为学习拖延是指不必要地推迟应完成的学习任务并引起心理不适的行为，是一个包含认知、情感和行为的复杂过程。目前，对学习拖延的研究主要集中在拖延量表的制定、学习拖延的影响因素分析和如何消除学习拖延几个方面。

一般认为，学习拖延行为的发生是由于害怕失败、为了追求完美或者逃避不喜欢的人。

传统的研究者认为，学习拖延对成绩具有负面的影响，还会引发健康和心理问题。现在越来越多的研究者都认为学业拖延是自我调节失败的结果，会对学习者学业和情感产生不良的影响，但有学者认为学习拖延可以分为主动拖延和被动拖延。主动拖延是指学习者为了更好地进行时间管理，或将注意力投射于手头更重要的事情而有意推迟完成任务的行为，其行为是经过深

第三章 "互联网+"时代下大学英语自主学习的常见问题

思熟虑的,而且学习者能够执行事先的决定,并不具有负面影响。主动拖延者具有及时决定和行动的能力,但他们为了将注意力集中于当前更重要的事务而有意推迟完成学习任务,他们喜欢在压力下工作,把能够完成任务看作一种挑战,因此充满动力。被动拖延就是传统意义上的学习拖延,被动拖延者经常拖延完成任务的时间,他们缺乏快速做出判断和行动的能力,随着截止日期的临近感到巨大的压力,对自己的能力和事情的结果充满悲观情绪。

学习拖延的影响因素可分为外部因素和内部因素。一些外部因素,如对任务的厌恶、外界环境的干扰和家庭影响会影响学习拖延;而一些内部因素,如自我调节失败、神经质人格、完美主义、惧怕失败和时间管理不善也会导致学习拖延。

我们将学习拖延最主要的影响因素归结为两方面:

第一,自我效能;

第二,自我调节学习能力。

研究表明,自我效能对于学习者的表现、学习策略的选择和学习动机都有重要影响。自我效能高的个体能树立明确的学习目标,制订具体的学习计划,并能有效监控自己完成计划,随之调整自己的学习行为,并且不会轻易放弃努力,受消极情绪的干扰。许多对学业成绩和自我效能的相关研究都表明,自我效能与学习成绩显著相关。

第四章 "互联网+"时代下改善大学英语自主学习问题的常见策略

　　上一章，我们主要分析了"互联网+"时代下大学生英语自主学习所遇到的问题与障碍。为了减少这些障碍，有效提升大学生自身的英语水平，有必要让大学生了解一些改善自主学习问题的策略，从而展开有效学习。本章重点介绍一些常见策略，如推进内外调适策略的结合；转变课堂形态，构建智慧课堂；积极搭建数字化教学平台；创新大学英语教学组织模式。

第一节 推进内外调适策略的结合

一、大学生英语自主学习的内在调适策略

（一）激发学习动机

当前，很多教师十分关注如何调动学生的学习积极性，而动机激发策略对于学生的英语学习有着十分重要的作用，因此很多学者对其展开了研究。

1. 激发内在动机

当前，普遍认为比较有效的动机策略不仅包括内在动机策略，也包括外在动机策略。在一定条件下，外在动机可以转化成内在动机，因此教师将内外动机结合起来，可以更好地激励学生。具体来说，教师可以从以下几个层面激发学生的内在动机。

（1）激发学生的兴趣

在教学中，学生具备浓厚的学习兴趣，有助于他们投入学习中，也决定了他们学习能否获得成就。海德等人提出了兴趣培养的四阶段模式，如图4-1所示。

阶段1：情境兴趣的激发

所谓情境兴趣的激发，即认知或者情感短期改变产生的一种心理状态。一般来说，一旦情境兴趣被成功激发，就可能持续一段时间，持续的时间可能较长也可能较短，并且这种情境兴趣有助于学生建构自己的学习内容。要想激发情境兴趣，除了依靠外部因素，还可以通过小组活动、电子设备等。

阶段2：情境兴趣阶段的维持

所谓情境兴趣阶段的维持，即情境兴趣激发产生的一种心理状态，是较长时间内持续的一种心理倾向，往往需要借助教师或者其他同伴的支持，使得情境兴趣得到加强和维持。当然，也不能仅仅依靠外部力量，学生自己也

需要创造环境和条件,如参加一些小组活动。

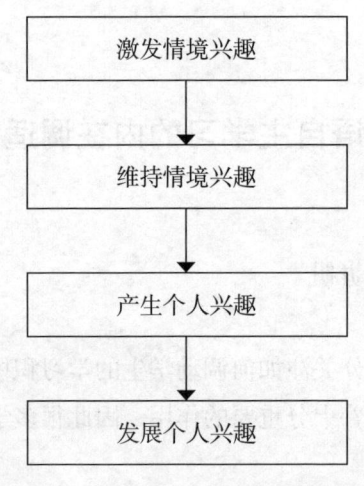

```
┌─────────────┐
│  激发情境兴趣  │
└─────────────┘
       ↓
┌─────────────┐
│  维持情境兴趣  │
└─────────────┘
       ↓
┌─────────────┐
│  产生个人兴趣  │
└─────────────┘
       ↓
┌─────────────┐
│  发展个人兴趣  │
└─────────────┘
```

图4-1 兴趣培养的四阶段模式[①]

阶段3：个人兴趣的产生

所谓个人兴趣阶段的产生，实际上是一种心理状态，即对某一特定内容产生持久的兴趣。要想形成个人兴趣，学生需要对学习内容予以高度重视，无论外部是否给予支持，学生都需要投入学习之中，并对自身学到的知识进行巩固。同时学生在学习过程中发现自身的问题，找到适合自己的学习行为，对更多信息进行积累。在这一阶段，学生更多是自发形成，虽然有很多外部条件的支持，但是更多的都是个人的调节与反思。

阶段4：个人兴趣的发展

所谓个人兴趣的发展，同阶段3一样，是一种心理状态，也是对某一特定内容的专注。在这一阶段，个人兴趣得到不断的强化，并且除了提出问题、对学习进行自我调节外，还能够克服困难，发挥自身的主观能动性。在这一阶段，外部环境、专家等的引导也有助于个人兴趣的发展。

---

① 王志敏. 外语学习动机激发策略的理论与实证研究[M]. 北京：中国社会科学出版社，2006：103.

第四章 "互联网+"时代下改善大学英语自主学习问题的常见策略

①英语教学中情境兴趣的激发和维持

在英语教学中,教师可以通过选择教学材料、设计学习活动、利用信息技术等,将学生英语学习的兴趣激发出来。

在选择教学材料的时候,教师应该坚持三个因素:连贯性、生动性和细节具有吸引力。所谓连贯性,即要求材料内容连贯、结构清晰,这不仅便于学生理解,而且容易引起学生的兴趣。所谓生动性,即语言较为形象、内容更为新颖,如果材料能够提供新颖的知识,减少生僻的语言,会很容易让学生觉得有趣。所谓细节具有吸引力,即尽量选择能够吸引学生注意力的内容,如爱情、友情等话题。

在设计学习活动时,应该将听、说、读、写、译各项技能考虑进去,并且可以听说结合、读写结合、读译结合等两两结合,这不仅有助于学生提升自身的语言综合能力,还避免了学习的枯燥性。另外,活动形式应该多样,如角色扮演、小组讨论等。

②英语教学中个人兴趣的培养和发展

在英语教学中培养和发展学生的个人兴趣,要求教师从学生的需求出发,激发学生的好奇心,为学生提供必要的指导。只有从学生的需求分析入手,教师才能将学生的学习兴趣调动起来,关键是选择适合的学习活动主题,激发学生的学习兴趣,很多时候学生对某些熟悉的主题的某些方面会产生好奇心,这些好奇心就促使学生探索新问题、获取新信息。

在好奇心的驱使下,学生开始寻求解决问题的方法。具体来说,可以从如下几点考虑:

第一,学习之前,首先进行思考,对需要解决的问题加以确认。

第二,对与问题相关的所有事实进行确认。

第三,对问题进行解决。

第四,进行思考,对于问题的结论也不能草率地做出。

第五,多思考一些问题的解决方法。

第六,如果被问题难住,不应该退缩,应该继续思考。

第七,对于一些不太可能的想法,也应该着手去分析,设定其是可能的,并着手分析。

第八,对问题中困惑的细节应该留意。

总之，主要是要求学生多进行独立思考，教师在其中发挥指导作用。指导不是代替，而是给予帮助，让学生能够承担自身的学习任务，应该适度。也就是说，如果学生遇到困难，应该让学生先尝试独立解决，然后在合适的时候给出提示和帮助。

（2）满足学生的归属需求

所谓归属需求，即学生需要与他人建立一种愉快的关系，从而使自己获得归属感。在英语教学中，对学生归属感的满足，要求教师与学生建构信任、和谐的关系，并通过小组凝聚力，促进学生之间的团结相处。

教师的亲和力能够将师生之间的距离拉近，让师生之间关系更加和谐。常见的教师亲和力主要体现在语言行为与非语言行为两个层面，其中语言行为涉及风趣的言语、亲切的问候、真诚的赞美等；非语言行为涉及教师与学生的目光交流、教师的微笑、生动的手势语等。

虽然大学英语课堂中学生人数较多，教师仍旧需要花费一定的时间，争取在短时间内记住学生，这样直呼学生的名字也可以拉近与学生之间的距离。课下教师也要利用机会与学生进行交谈，增进对学生的了解，同时主动与学生分享感悟与经历，让学生对自己有所了解和熟悉。

教师应该通过实际行动表达对学生的关心，具体的做法如下：

第一，给学生提供一些具体的帮助。

第二，对一些个别的学生进行辅导，为学生解答困惑。

第三，学生需要帮助的时候，教师应该及时回应。

第四，及时批阅学生的试卷。

第五，定期给学生发送一些有趣的、与学习内容相关的文章。

第六，组织学生开展课外学习。

第七，当学生学习不顺利时，给予特别关注。

除了师生之间的关系，生生之间的关系也非常重要，只有生生之间能够互助合作，才能形成一个具有凝聚力的小组或班级。为了让学生之间互相了解，教师可以组织一些"破冰行动"，让学生记住彼此的名字，交换个人的信息，之后可以提供一些机会，通过一些任务，加深学生之间的了解。教师可以设计一些小组任务，并让小组共同展示成果，提升学生的集体意识，也可以创造机会，让学生共同解决问题、接受挑战等。

第四章 "互联网+"时代下改善大学英语自主学习问题的常见策略

（3）满足学生能力需求

如果学生相信自己能够胜任某项任务，那么他们就会愿意去做、去承担。学生的能力需求需要在多大程度上得以满足，需要考虑多个因素，如学习任务的难易程度、学生自身的学习经历、学生自身具备的学习水平等。学习任务的难易程度应该与学生自身的能力水平相符，这样能够让学生胜任这项活动，同时也需要具备挑战性。如果任务过于简单，会降低学生的成就感，很难提升学生的自我效能感。

努南对影响任务难度的因素进行了分析，具体如图4-2所示。

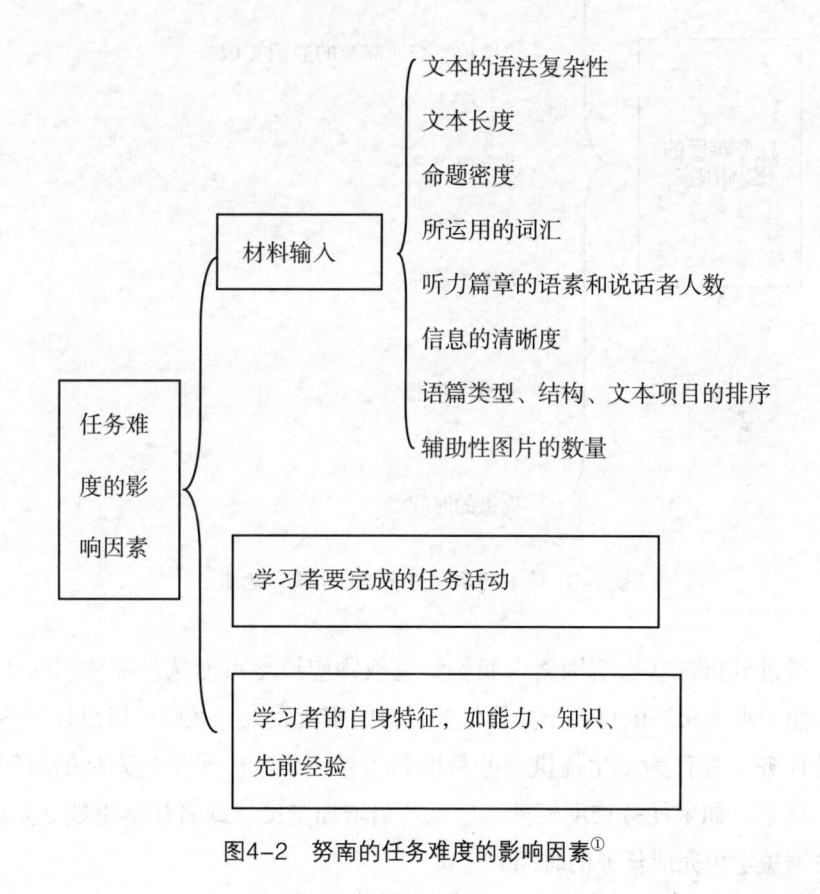

任务难度的影响因素：
- 材料输入
  - 文本的语法复杂性
  - 文本长度
  - 命题密度
  - 所运用的词汇
  - 听力篇章的语素和说话者人数
  - 信息的清晰度
  - 语篇类型、结构、文本项目的排序
  - 辅助性图片的数量
- 学习者要完成的任务活动
- 学习者的自身特征，如能力、知识、先前经验

图4-2　努南的任务难度的影响因素[1]

---

[1] 王志敏. 外语学习动机激发策略的理论与实证研究[M]. 北京：中国社会科学出版社，2006：107.

布林德利认为，除了学习者要完成的任务活动本身以及学习者的自身特征，任务难度与教师也有着密切的关系。在布林德利看来，任务难度的影响因素主要有如下几种，如图4-3所示。

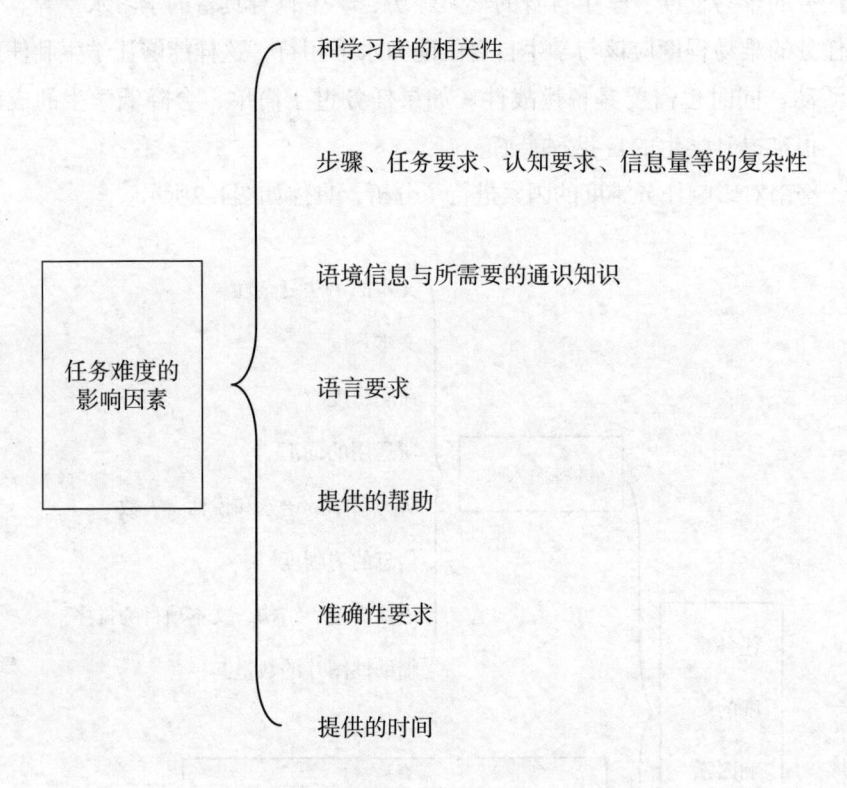

任务难度的影响因素
- 和学习者的相关性
- 步骤、任务要求、认知要求、信息量等的复杂性
- 语境信息与所需要的通识知识
- 语言要求
- 提供的帮助
- 准确性要求
- 提供的时间

图4-3 布林德利的任务难度的影响因素[①]

通过分析这些影响因素，我们知道教师应该尽可能选择那些与学生知识、能力水平相当的材料，如果任务材料的难度较大，教师可以设计一些简单的任务，并且为学生提供一些帮助和指导，或者给予学生充足的时间准备。反之，如果任务难度较低，应该适当增加难度，或者让学生独立完成，或者缩短学生完成任务的时间。

---

① 王志敏. 外语学习动机激发策略的理论与实证研究[M]. 北京：中国社会科学出版社，2006：108.

第四章 "互联网+"时代下改善大学英语自主学习问题的常见策略

当然，学生如果对自己丧失信心，在面临困难的时候，他们很容易焦虑，这种焦虑必然会导致兴趣的下降、自信心的不足，因此教师应该创设愉快的学习氛围，对学生的焦虑感加以缓解。另外，教师还要避免对学生进行优劣的对比，避免伤害学生的自尊，应该引导学生对学习内容多加关注，从而帮助他们掌握知识和内容。

2.激发外在动机

要想激发学生的外在动机，教师应该让表扬更加有效、让奖励成为激励、以批评温暖人心。

（1）让表扬更加有效

学生都希望得到教师的表扬，教师也希望通过表扬让学生的学习能够蒸蒸日上。但是作为一种激励手段，表扬并不像我们想象的那么简单。恰当的表扬能够增加学生的自信心，培养他们的进取意识；如果表扬不恰当，反而会出现适得其反的结果，甚至让学生失去学习的兴趣和积极性。

教师何时表扬学生、如何表扬学生，需要依据一定的标准。

首先，表扬应该有标准和条件，教师应该对那些真正付出努力的、取得学习进步的学生进行鼓励，那些随意的表扬显然不会起到激励的作用。当然这并不是说只有那些成绩突出的学生才能获得表扬，一些本身基础薄弱的学生取得了一定的进步也应该受到表扬。教师也不能仅仅因为学生参与了任务就大肆对他们进行表扬，而是应该关注他们在任务完成过程中的实际表现。

其次，表扬应该是具体的、真诚的。在表扬学生的时候，教师的语气应该自然，让学生感受到教师的赞扬是发自内心的。表扬的内容要具有实质性，不能仅仅是"真棒！""很好！"这些简单的话语，应该告诉学生他们哪里棒、哪里好。只有具体的表扬才能打动学生的内心，让学生感受到教师是时刻关注他们、希望他们能够不断进步的。

（2）让奖励成为激励

奖励究竟对学习动机是起到正面的作用还是负面的作用，目前学者仍旧在展开研究。一方面，奖励被认为能够激发学生的学习动机，也是最直接、简单的手段，不仅能够吸引学生的注意力，让学生努力学习，还能够激发学生的兴趣。另一方面，很多学者认为，外部的奖励只不过是在控制学习者的行为，而不是激励学习本身。学习者对奖励的关注多于对学习过程的关注，很容易导致自身的学习效能降低与学习动机下降。

其实奖励没有对错之分，能否对学生的学习起到激励作用，关键在于教师采用何种方式实施奖励。只要教师的奖励方式得当，将奖励可能引发的负面影响尽量消除，就可能有效发挥奖励的作用。

英语学习往往需要经过反复的操练，这就需要学生具有一定的耐心和恒心。教师可以给予学生一定的物质奖励，尤其是那些一直努力的学生，让他们得到鼓励，更能带动他们学习的积极性。当然这种奖励也需要控制数量，不能太过于频繁。常规的奖励往往是对学生学习态度的奖励，对于那些复杂的学习任务，应该根据完成的结果与情况进行考量。如果是小组活动，教师在进行奖励时应该考虑整个小组，而不是个人。教师还可以针对学生的课外学习进行奖励，这样可以鼓励学生多进行课外阅读、课外写作等。

教师奖励的标准应该透明，即让学生知道有奖励，并且学生也认可这种奖励。奖励的尺度不应该过大，以免对于教师、学生来说都有过大的压力，违背了奖励是为了促进学生学习的初衷。教师可以赠送一些小礼物作为奖励，很多人说这不是给中小学学生的吗？其实并不是，对于大学生来说，一份小小的礼物也能打动他们的内心，让他们感受到教师的关爱，与教师产生一种亲近感。

（3）以批评温暖人心

批评和表扬看起来是对立的两个方面，实际上有着异曲同工之处，都是教师激励学生的手段。与表扬一样，批评如果运用得当，也会对学生起到一定的激励和鞭策作用。如果批评不当，很可能导致学生的自尊心和自信心受挫，引发学生对教师的抵触。虽然批评不如表扬那般受欢迎，甚至很多学生认为受批评是丢脸的，是很不愉快的经历，但是教师恰当的批评也能够传达出"我很在意你""我不放弃你"的意思，这就能够发挥出批评的正面积极意义。

当然，在批评时，教师需要注意如下几点：

首先，教师要告诉自己，批评的目的在于促进学生的进步，而不是对学生进行惩罚，因此批评应该是从教师内心出发的，是对学生的期待，而不是为了发泄自己的情绪。教师的批评可能是委婉的，也可能是直截了当的，但是切记不要挖苦学生，不能使用暴力的语言，否则只会起到负面的作用。

其次，教师在批评学生时，应该公正、客观，就事论事，而不是批评学生个人，不能因为学生的某一项错误而否定学生个人。每一名学生都有自身的优点和长处，教师应该让学生知道自己并未忽略他们的优点，只不过希望他们改正自己的缺点，让自己的优点更加凸显，让自己更好、更优秀。

（二）克服学习拖延

1.改善自己的认知水平

为了克服英语学习中的拖延问题，学生除了提高自我管理能力外，还需要改善自己的认知水平，具体来说可以从如下几个层面考虑。

（1）进行合理的归因

归因，即人们对自己行为或者他人行为产生的原因进行推断。具体而言，就是个体对自己的行为过程或者他人的行为过程的因果关系进行的推定。一般来说，归因可以划分为如下两种：

第一种是内部归因，即认为是个体自身因素导致的结果。例如，某人英语考试取得了好的成绩，他认为是自己聪明的结果或者自己精心准备的结果等。

第二种是外部归因，即认为是外部因素导致的结果。例如，某人英语考试取得了很差的成绩，他认为是题目太难导致他考试失败了。

归因正确可以使个体更为自信，从而提升个人的自我效能；归因错误可能使个体备受打击，从而感受到挫败感，丧失学习的积极性，产生学习拖延现象。那么如何进行归因呢？对于缺乏自信心的大学生来说，应尽量将英语考试取得成功的原因归结为自己的认真听讲、认真准备、反复操练等，把导致失败的原因归结于外部因素，这样就会提升自身的自信心，提升自己的自我效能感，激发英语学习的兴趣和积极性。对于一些过度自信的大学生而言，应该将英语考试的成功适当归结为自身的努力，失败时也应该多考虑一下自身的因素，寻找自身的不足，以争取下次取得较好的成绩。如果那些缺乏自信心的大学生也将英语考试失败的原因全部归结到自己的身上，那么他们就会更缺乏前进的动力。

可见，无论是内部因素还是外部因素，都不能让大学生丧失英语学习的自信心，最好能不断提升他们英语学习的效能感，使他们充满学习的动力和积极性，这样就可以一定程度上改善大学生英语学习的拖延问题。

（2）提升英语学习的自我调节能力

自我调节学习，即大学生为了实现成功，提升自身学习的效果，实现学习目标，对元认知、学习动机、学习行为等进行主动调控的过程。自我调节学习强调大学生能够不断激发自己采用恰当的学习策略展开学习。

一般来说，自我调节学习具备如下条件：

第一，学生能够对学习目标进行确立。

第二，学生能够认识到自身掌握的学习策略，并能够明确这些策略有助于他们的学习。

第三，学生能够成功地对自己的学习行为进行调节。

第四，学生具有自己学习的愿望、意识，并且能够将学习作为一种积极过程来追求和探究。

如果大学生能够具备上述四个条件，不仅会在英语学习中对某种策略进行灵活的运用，还会将个体的人格与品质特征体现出来。

（3）查找英语学习中的拖延原因

除了上述几点外，大学生还应该查找自己在英语学习中产生拖延问题的原因。如果学生的英语学习拖延是由聊天等活动引起的，那么他们就需要对自己的聊天时长进行严格控制，或者暂时关闭聊天软件。如果学生的英语学习拖延是由网络游戏引起的，那么大学生可以将一些游戏软件删掉，并且对自己的上网时间进行严格控制，同时设置一些奖惩机制。

学生也可以采用自我暗示的方式，告诉自己如果继续聊天或者玩游戏，就容易出现挂科甚至退学的情况，意识到如此严重的结果，学生就会适当地进行克制。

（4）提高自我效能感

自我效能，即一个人基于特定的情境，从事某一行为或者某些行为，并取得预期效果的一种能力。在很大程度上，自我效能指的是个体对自我有关能力的一种感觉或者感受。当然，自我效能还指代人们为了实现某一目标所需要具备的信心与信念，即个体对自己能够获得成功的信心，用三个字概括就是"我能行",因此自我效能对于学习者英语学习动机有着很大的激发作用。如果一名大学生的自我效能高,那么他们的学习动机就会很强,会积极采用各种手段,对自己的学习计划进行调整,因此也容易获得较好的成绩;相反,如果一名大学生的自我效能低,那么他们就缺乏英语学习的自信心,缺乏学习动力,因此也不会获得较好的学习成绩。

通过对大学生网络英语学习拖延进行研究不难发现,学习拖延与自我效能呈现负相关的关系。如果一名学生的自我效能高,那么他一般不会有学习拖延的现象;相反,如果他的自我效能低,那么他很可能出现学习拖延的现象,甚至可能非常严重。那么,如何提升大学生的自我效能呢?一般可以从如下几个层面着手:

第一,肯定自身过去的经验。

第二,从他人经验中提升自己的信心。

第三,自己给予自己信心,相信自己可以解决问题。

第四,寻找外援,如教师或者其他同学的帮助。

(5)改进英语学习策略

改进英语学习策略是改善英语学习拖延的一个重要方法。英语学习策略一般包含两种,一种是认知策略,一种是元认知策略。

认知策略,指的是对学习信息进行加工的方式,包含对知识的理解、记忆、存储与提取的技术。一般来说,认知策略还涉及对知识的复述、对知识的精细加工、对内容进行组织等。

元认知策略,指的是大学生对自己认知策略展开的调整。

大学生改进英语学习策略,有助于提升大学生的英语学习成绩,学业的成功能够让大学生更自信,也有助于提升大学生的自我效能,激发大学生的学习动机和积极性,使大学生能够克服懒惰情绪,从而降低大学生的学习拖延问题。

(6)增强学生英语学习的内在动力

之所以出现英语学习拖延,一个根本原因在于学生缺乏内在学习动力,因此要想克服英语学习拖延现象,大学生可以有意识地想象下自己取得好成绩之后的情境,从而在自己的英语学习中采取各种方法和技巧或与他人展开交流与合作,来增强自身的英语学习内在动力。

2.提高自我管理能力

自我管理，即自己对自己进行管理，是个体对自身目标、自己的思想和行为、自己的心理等展开管理，自己组织自己、自己管理自己的各项事务、自己对自己进行约束与鼓励，从而实现奋斗目标。自我管理从某种程度上说就是所谓的自我控制，个人通过自身的内在力量，采取一些技巧和方法，对自己的行为进行改变，减少不良行为的出现。

如何克服大学生英语学习的拖延行为呢？一些学者认为，学习拖延是学生没有对自身展开有效的管理与控制产生的。实际上，之所以出现学习拖延，是因为自己对自己管理失败，是自身调节能力差的表现。因此，我们认为要想减少大学生英语学习中的拖延情况，需要其对自己进行管理，具体来说，可以从如下几点展开：

（1）制订合理的英语学习目标

在学期开始之前，大学生应该为自己制订合理的英语学习目标。合理，即适度，如果制订的学习目标过高，那么学生在英语学习时会丧失信心；如果制订的学习目标过低，那么学生在英语学习时就会松懈，也很难激发学生学习的兴趣和积极性。因此，大学生应该从自身的英语学习需要出发，设定一个合理的目标，并且这个目标通过自身的努力可以达成。

（2）采取恰当的学习方式

设定了目标、制订了计划，下一步就需要实施计划，而要想顺利地实施计划、实现目标，就需要采用恰当的学习方式，这是目标达成的重要保证。采用恰当的学习方式，可以帮助学生提升英语学习的效率、节约英语学习的时间、激发学生英语学习的动力、克服学生自身的英语学习拖延行为。

（3）合理管理自身的时间

研究发现，很多学习拖延的学生因对时间管理不善，导致很难在规定的时间完成任务，出现了拖延的情况。[①]因此，要想改善大学生的英语学习拖延情况，首先应该让他们学会管理时间。时间管理，即运用一定的技巧，有效与灵活运用时间，从而实现自己的目标奋斗。下面就来介绍一些简单的时

---

① 史利红.大学英语教学中学习拖延问题研究[M].北京：北京理工大学出版社，2019：63.

第四章 "互联网+"时代下改善大学英语自主学习问题的常见策略

间管理技巧。

第一,制订工作计划,确定工作的主要手段与方法,详细周到地列出具体的步骤。

第二,将一些工作进行分配,让他人帮助分担,这样便于提升自己的效率。

第三,保证计划详细、具体,并进行排序,根据事情的轻重缓急对时间进行安排。

第四,对于一些重要的事务,在保证头脑清晰的情况下完成;对于一些不是特别重要的事务,在自己效率不高时完成。

第五,将一些需要优先处理的事项列出来。

第六,为计划预留出一定的时间,避免发生意外情况。

第七,忽略一些本身没有意义的事情。

第八,对于同类事务,最好一次性完成。

第九,对完成的期限要严格规定。

第十,不要苛求事事完美,而是应该追求高效地完成事务。

第十一,学会使用碎片化的时间。

第十二,如果遇到浪费时间的人,一定要说不;对于不必要的事物,一定要说不;对那些空洞的事情,一定要说不。

第十三,确定最佳时间,达到一定程度的平衡。

第十四,训练判断时间。

(4)制订科学的英语学习计划

为了实现设定的英语学习目标,大学生需要制订科学的英语学习计划。例如,大学生要想通过英语四级考试,那么他们需要在三个月内对单词记忆一遍,并在一个月或者一周内对单词进行复习。另外,为了通过考试,学生应该系统地做练习,并且从练习中进行总结,从而保证考试的顺利。如果没有计划,目标就是一句空谈。

(5)实施自我规范与监督

自我规范与监督,即学生对自己的动机、行为等进行自觉调整,使这些动机、行为与社会规范相符合,实现既定目标。大学生应该监控自身的英语自主学习行为,并调整具体的英语学习计划,对于一些非学习行为,学生应该有对自己的惩罚机制，如果完成了任务，也应该给予自己奖励，严格按照这套标准，从而克服自己的英语学习拖延问题。如果有必要，学生也可以邀请其他人来监督。

3.合理安排自己的英语学习任务

很多学生之所以出现英语学习拖延问题，还有一个重要因素就是学习任务。大学生的学习任务比较繁重，这就容易使他们丧失信心与动力，甚至对英语学习产生厌恶情绪，很难完成英语学习任务，出现拖延问题。鉴于此，我们可以从如下几个层面合理安排自己的英语学习任务。

（1）制订任务奖励机制

大学生在制订学习计划的时候，可以制订一些任务奖励机制。例如，完成一个小任务，可以奖励自己一个冰激凌、玩游戏20分钟等。当学生完成了一个大的任务，就可以给自己一个大的奖励，如吃一顿大餐、休息半天等。需要注意的是，每一个小任务不能持续太长时间，如果时间太长，学生容易丧失耐心，很难获得奖励，也会让学生丧失英语学习的动力，很难继续下去，导致拖延产生。

（2）分解英语学习任务

分解英语学习任务，即将大任务分解成一个一个的小任务。众所周知，一个任务我们一旦开始做了，其实做下来感觉并没有那么困难，但是很多时候是我们一直拖延着不能迈开第一步。如果英语学习拖延者能够将这些大的任务切分成小的任务，并且这些小的任务相对来说较为简单，那么他们就不会出现畏难情绪，愿意去尝试，这就迈开了一小步。例如，写一篇英语论义的工作看起来非常浩大，很多人不知道如何动笔，但是如果将这项工作分成小的一个一个的章节，那么看起来就没那么困难了，每天只要求自己完成一小节，甚至几百字，这项任务就变得容易了。并且一个小任务的完成很容易让人感到满足和产生成就感，这样积极的情绪会为接下来的任务储备动力。

（3）安排英语学习任务的顺序

每个人有自己的喜好，大学生应该针对自己的喜好程度，对自己的学习任务顺序进行安排。如果自己的状态不好，那么就不要安排自己不太喜欢的

第四章 "互联网+"时代下改善大学英语自主学习问题的常见策略

任务,如果强行安排,会适得其反。这与大学生自身的内心抵制有关,这种抵制会导致学生学习降低效率,从而出现严重的拖延情况。

为了避免出现这一情况,大学生应该在自己精神状态较好的时候安排难度较高的工作,或者是那些自己不喜欢但是必须完成的工作,这样大学生做完了不喜欢的任务之后再着手喜欢的任务,如同给了自己一个奖励一般,并且由于这项任务自己喜欢,学生也感觉不到学习疲劳,甚至能够专心致志地完成学习任务。

二、大学生英语自主学习的外在调适策略

(一)全面提升英语教师的魅力

教育的问题首先考虑的是教师的问题,当然英语教学也不例外。英语教师在教学中起着指导者的角色,教师要引导学生认识学习、认识社会,教师也需要对自己有严格的要求,逐渐成为学生学习的榜样。

1.提升自己的人格魅力

在教学中,教师的人格对教学情绪、学习效果产生直接的影响,那么教师该如何提升自身的人格魅力呢,主要在于坚持"四心"。[1]

(1)爱生之心

爱心是促进学生不断成长的法宝。在工作时,教师不仅要传授给学生基本的知识,更要教会学生做人。教师需要有一颗热爱学生的心,只有真正地热爱学生,教师才能正确地看待学生。大学中非英语专业的很多学生英语基础比较薄弱,这就需要英语教师付出努力,保持工作的耐心,不能因为学生犯错就对学生置之不理,而是应该真正地爱学生,这样才能与学生建立友好

---

[1] 龚芸.高职学生学习倦怠问题研究[M].北京:北京理工大学出版社,2015:69.

的关系，让学生相信自己，愿意去学习。

（2）进取心

时代不断发展，社会不断进步，教师需要具备一颗进取心。如果一名英语教师仅有专业知识，显然不能满足当前英语教学的需要，因为大学生步入社会之后运用到的英语知识往往和专业密切相关，属于专业英语，因此教师除了要具备渊博的英语知识外，还需要涉猎其他各个方面的知识，这样才能提升英语教学的质量和水平。

（3）敬业之心

首先，教师要对自己从事的职业有清晰的认识，即认识自己职业的意义，认识到教师需要付出自己的努力，无私奉献自己。

其次，教师需要对自己的职业忠诚。随着科技不断发展，知识更新换代加快，教师应该树立终身学习的观念，不断提升自身的能力和水平。教师需要用自己的智慧吸引学生，让学生悦纳自己，以高度负责的态度，真正起到表率的作用。

（4）健康之心

当前的社会节奏非常快，人际关系也非常复杂，这给教师教学带来了极大的影响，尤其是现代很多家长对教师的期待很高，这也让教师的压力非常大。除了这些压力，教师还要面对自身工作、生活的压力，如教师待遇、教师工作性质等。

在学校中，学生与教师接触的时间比较长，教师的行为对学生有直接的影响，教师也是学生最为权威的榜样，教师的心理是否健康、能否承受住压力对于学生来说也至关重要。

因大学生要将更多的精力放在专业课的学习上，在英语学习上很多学生容易存在压力，这时教师需要积极引导学生，这就要求教师首先具备积极健康的心理，自身保持积极的心态面对自己的工作，让学生看到榜样的力量，学会自我调节，从而树立健康的身心。

2.提高自己的英语教学能力

学校的学习是教师与学生之间的心灵接触，教育是一门艺术，课堂教学能够彰显教师魅力。

第四章 "互联网+"时代下改善大学英语自主学习问题的常见策略

大学英语教师要想让自己的课堂更有魅力，首先要增加师生之间的交流，其次要提高英语教学能力。

具体来说，教师的英语教学能力主要体现在如下方面：

（1）整合性的教学能力

整合性教学，即要求教师在教学中将学科的各个环节与要素、不同方法有机地整合在一起，使教学更具有程序性。

整合性教学要求教师拥有良好的知识结构，具有程序化的教学技能，具有丰富的教学策略，来更好地完成各项教学任务，帮助学生进行英语学习。

大学英语课堂教学的首要任务就是激发学生英语学习的兴趣，吸引学生的注意力。现在的大学英语课堂中存在很多低头族，老师在讲台上用心讲课，学生却在下面玩手机、刷微博、看朋友圈等。面对这样的大学英语课堂，教师需要对其进行有效组织。

在语言上，教师应该确保表达的准确性与针对性，做到突出重点、清晰精练。教师也要不断提升教学技能，时常改变授课手段，延伸教学模式，创新考核手段。

（2）个性化的教学设计

大学英语课堂教学的能力首先体现在对英语教学的设计上。教学设计能力，即教师在开展英语教学之前，从英语教学目的出发设定英语教学程序，制订英语教学方法，选择恰当的英语教学内容。

当前很多教材都包含现成的教学课件，因此很多教师往往拿现成的课件展开教学，但是真正的教学设计要求教师能够吃透所要教授的内容，对学生的学习状态有清楚的了解，从而确定教学目标，选择恰当的方法，设计出独特的教学思路。

英语教师进行教学设计的过程，实际上就是创造的过程，在进行教学设计时，要求灵活、简洁，并且真正做到以学生为中心，同时在设计时也要体现出预见性。

（3）反思性的教学能力

反思教学能力，即教师将教学活动作为参考对象，对自己的教学行为、教学方法、教学决策以及产生的结果加以分析和审视的能力。

反思能力一般可以划分为五种，如图4-4所示。

著名心理学家波斯纳还提出了教师成长的公式：

成长＝经验＋反思

显然，反思对于一名教师来说非常重要，是教师成长进步的重要途径。反思教学要求教师能够做出理性的选择，并能够承担相应的责任，能够通过自我觉察改变教学行为。教师只有不断反思自己的教学行为，才能不断提升自身的教学能力。

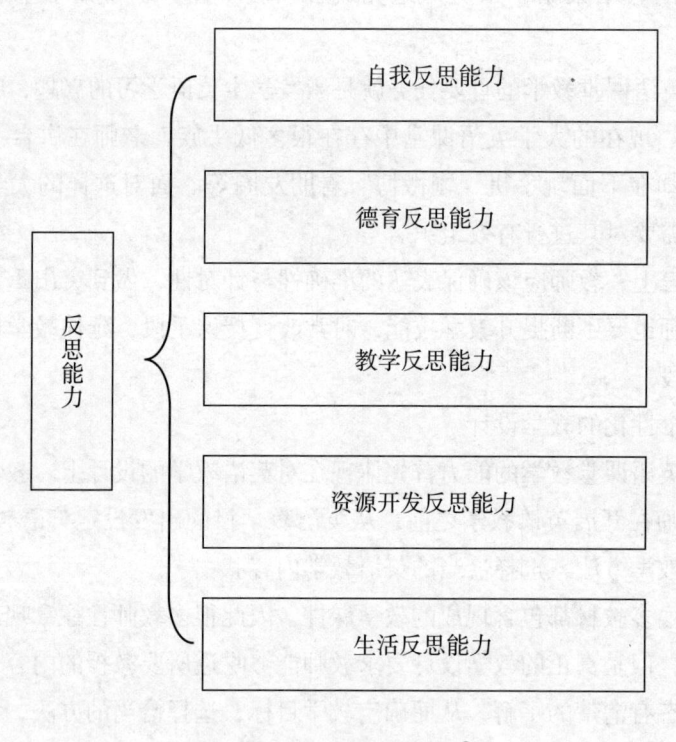

反思能力 ｛ 自我反思能力 / 德育反思能力 / 教学反思能力 / 资源开发反思能力 / 生活反思能力

图4-4　反思能力的组成[①]

3.扩展自己的英语学识

英语教师是英语知识的传播者。当今社会，知识不断更新，教师需要不

---

① 龚芸.高职学生学习倦怠问题研究[M].北京：北京理工大学出版社，2015：107.

断拓展自己的视野，对自己的知识结构加以完善，提升教学质量，树立终身学习的理念，这是提升英语教师素质的基本要求。

（1）先进的理念

英语教师具备广博的知识是开展教学的前提和基础。先进的英语教学理念是展开英语教学的灵魂，只有基于先进英语教学理念的指导，教师才能不断更新教学观念，提升英语教学的境界。基于先进教学理念的指导，教师才能让英语教学从"授业"转向"授业+传道"，提升学生的英语素质，促进学生的综合发展。

随着社会的不断发展，出现了很多先进的英语教学理念，这就需要教师提升自己的敏感性，能够真正地做到与时俱进。教师需要从学生实际、专业实际出发，在教材内容的基础上融入当前的时事，这样不仅能够传授给学生基本的英语知识，还能提升学生学习的兴趣和积极性，从而取得良好的学习效果。

（2）科研的能力

大学英语教师还需要具备一定的科研能力。教学中如果没有科研作为底蕴，教育就如同没有灵魂一般。科研工作对于大学英语教师来说，无疑是在拓展自身的专业知识、对自己的学科结构加以丰富、提升自身的教学能力和水平。教师开展科研工作，可以让自己更加主动、自觉地思考教学中存在的问题，从而获取新知识，寻求解决问题的方式和方法。

作为大学英语教师，需要认识到科研的作用，不断提升自身的科研能力和水平，具体来说，主要需培养如下五种能力：

第一，获得信息的技能。

第二，广泛地进行思考的能力。

第三，勇敢地攻克难关的能力。

第四，勇于创新的能力。

第五，将成果进行转化的能力。

（3）广博的知识

作为一名英语教师，首先需要具备渊博的英语知识。如果教师不扩展自身的知识面，课堂往往会比较平淡，无法吸引学生的兴趣。随着教学改革不断深化，科技不断进步，大学英语教师需要扩展自己的综合知识，注重知识的应用，只有对英语知识掌握并能够做到融会贯通，才能学会积极思考，发现问题并解决问题。

（4）双师的素质

大学英语教学的特色在于提升学生的英语技能。作为一名大学英语教师，需要具备双师素质，即教师不仅掌握渊博的英语理论知识，还能够运用理论知识指导实践；不仅可以从事理论教学，还可以对学生的英语学习实践进行指导。大学英语教师只有将自身的实际工作能力与英语课程整合起来，才能将理论知识讲活，为学生的专业课学习打下基础。

为了提升教师自身的实践能力，广大教师应该参与到具体的实践中或者利用假期参与培训学习，从而提升自身的实践水平，以便于更好地指导自己的学生。同时，在学生的实际训练中，教师能够娴熟地展开讲解，提高学生的学习兴趣，使学生真正地获取英语知识与技能。

4.修炼自己的形象魅力

近些年不断出现"最美教师"，这说明进入新时代，大家对任何职业都有了较高的要求，不仅对教师的能力有要求，还对教师的形象有要求。在新时代，教师应该具有朝气，教师的外在美、仪表美也是能够吸引学生的一大关键。

外形仪表体现的是一名教师的气质、素养以及审美观，教师清丽脱俗的气质、优雅的仪态、巧妙的语言、豁达的性格等，往往能够吸引学生的注意力，陶冶学生的思想情操。

（二）优化英语教学管理

教学工作是学校的核心工作，学校教学管理的重点在于构建有序、合法的管理制度，并探寻恰当的保障措施，解决学校管理的程序化、规范化问题，保证教学管理水平的提升。

1.优化课程设置

大学英语课程设置及课时数量、教材选择等都会对学生的学习倦怠产生

第四章 "互联网+"时代下改善大学英语自主学习问题的常见策略

影响。学校应该从社会发展、学生的实际需要出发，为大学生设置大学英语课程。大学英语属于公共基础课程，目的是为了辅助专业课，但是对于大学生来说，是不可或缺的一门课程。

（1）整合课程内容设置

在英语课程内容设置上，高校应该对整个课程体制与门类加以健全，对英语课程设置进行优化，提高课程的质量。

对课程内容加以整合并不是简单地整合教材的内容，也不是将两节课程、多节课程进行压缩，也不是对知识点进行罗列，而是整合成一个综合课程，需要多层面地考虑，才能取得良好的效果。

在课程教材的选择上，英语教师应该选择那些从实际出发的教材，选择有新知识、反映学科发展趋势的教材。

（2）优化课程的结构设置

高校主要是为了把学生培养成为应用型人才，因此要处理好专业课与大学英语课程之间的关系。

首先，要认清大学英语课程的地位和作用，找准大学英语与专业课程之间的结合点，树立大学英语是为专业课服务的理念。

其次，要发挥实训课的作用。实训课即将大学英语课堂学到的理论知识运用到具体的实践中，培养学生的实际操作能力，这与学生对英语知识与技能的掌握程度相关，其教学效果也直接影响着学生能否胜任相应的岗位。

2. 优化学习环境

高校的生存与发展面临着严峻的挑战，很多高校由于政府支持不够、资金投入不足，导致学校虽然有教学楼、校园等硬件，但是学习工具、软件平台等还有所欠缺，教学设施相对陈旧，教学资源相对匮乏，创造出与学生实际需要、时代要求相符的学校环境还存在一定的难度。因此，学校一方面应该寻求政府的帮助，积极引进先进的教学设备，对教学环境、食宿条件等进行改善；另一方面，高校应该探求自我突破的思路，为学生创造良好的学习环境。

（1）做好良好学校环境的维护和监督

"人"是学校环境建设的参与者和使用者，环境中的"人"应该负起责任，共同建构美好的校园，对学校环境维护和监督的同时，及时给出合理的建议。

（2）以最小投入获得最大产出

要想保证学校环境建设良好，需要以最小的投入获得最大的产出，这就是说，要运用最少的人力、物力、财力，改善当前学校的资源条件和校园环境，激发每一位教职员工和学生的热情与激情为自己的学校做出贡献。

（三）营造和谐的社会环境

社会环境随着经济技术的发展不断变化，对大学生的学习、生活甚至工作，产生了巨大的影响。社会环境是非常复杂的，作为大学生的教育者，虽然无法消除社会消极因素的影响，但是可以帮助大学生提高辨别能力，引导他们抵制一些不良风气。具体来说，可以从如下几点着眼。

1.营造良好的社会氛围

（1）营造良好的社会学习风气

社会的竞争越来越大，很多父母认为孩子上大学一定要选个好专业，才能找个好工作。

实际上，教育不是一件功利的事情，大学教育与其说是教授学生更多的专业知识，不如说是教授给学生终身受益的技能。大学几年的积累，学到更多的是批判性的阅读能力、必要的写作能力以及独立思考的能力，这些能力会在以后的工作和生活中得以体现。

（2）对高等教育给予更多支持

在招生录取的时候，应该考虑学生的学习成绩、个性特征、学生的独特才能和兴趣等因素，注重学生素质的培养。学生要从自己的兴趣爱好出发，选择适合自己的院校，同样学校也要根据自己的标准，对学生进行挑选，这样才能引导学生发展自己的个性，也能鼓励学校办出自身的特色。

2.提供公平的就业机会

用人单位应该从人尽其才的角度，招纳人才，为毕业生提供公平的就业

第四章　"互联网+"时代下改善大学英语自主学习问题的常见策略

机会。

（1）用人单位在招聘上应该保证透明、公平

国家明确规定用人单位不得对求职者有民族、性别等条件的限制，招聘大学毕业生，不得设置年龄、毕业院校等的限制。因此，用人单位应该坚持招聘的透明性和公正性，建立健全内部监督管理机制，杜绝人情招聘、内部招聘、考试舞弊等违规的现象。

（2）放宽对刚毕业学生工作经验的要求

只要专业与用人单位的需求对口，并且具备一定的理论与专业基础，有着积极上进的态度和自学能力，用人单位应该为他们提供工作与实践的机会。

3. 改革社会用人制度

社会的用人制度对于高校的人才培养目标、方式、观念等有着重要的导向作用。进行人才选拔的时候，用人单位很难通过短时间的笔试、面试等，对一个人的真实水平完全了解。

因此很多时候会用学历做为衡量标准，这就加剧了社会追求名校、高学历的倾向，也使得社会对人才的评价限于学历上，忽略了人才的多元性。这就要求社会和用人单位打破传统的理念，建立科学挑选人才机制。

（1）推行职业资格认证制度

不同职业的资格认证有助于消除人才市场上的信息不对称现象，有助于减少用人单位挑选人才的盲目性。以英语为例，如果你想担任一名编辑，需要具备初级或中级出版资格证书等；如果你想担任一名翻译，需要具备翻译证书等。

（2）单位用人采取多元化选拔

用人单位对不同岗位的能力需求宜做出详细的说明，薪酬应该与个人的能力相关，注重实际注重校合作，促进人才培养。

（3）同步推进相关领域进行改革

首先，应加强对户籍的改革，引导人才进行合理的流动，消除人才在流动过程中的不必要麻烦。其次，加强社会保障体系的建设，让就业人员能够享受到社会保障。

4.帮助学生认清社会环境

（1）引导学生对社会予以关注

大学生虽然很少接触社会活动，但是他们在大学期间已经逐渐形成了社会价值观，也逐渐形成了判断与认知能力。他们关心社会，也常常会用在书本上学到的知识对各种社会现象加以解释，教师应该引导学生对社会环境予以关注。社会环境非常复杂，只有对社会进行了解并客观看待，才能在遇到问题时明辨是非，找准方向。

（2）引导学生清楚求学与就业之间的联系

读大学不仅仅是为了找工作。大学的培养目标，不仅仅是让学生学习知识，更是为了提升大学生的精神世界。因此教师要引导学生弄清楚求学与就业之间的联系，重新认识学习的重要意义，转变就业理念，树立学习的自信心，发挥自身的主观能动性，为未来做好准备。

第二节 转变课堂形态，构建智慧课堂

一、转变课堂形态

（一）从封闭课堂转向开放课堂

课堂的封闭不仅指英语课堂环境的封闭，还有英语课堂各个部分的封闭，主要表现在问题、经验、思维、教师交往等层面。

在"互联网+"背景下，每个人都在通过网络获取信息，教师与学生也不例外。对于学生而言，互联网让他们接触了各种信息，逐渐提升了他们的认知水平，产生了更多的新思维。对于教师而言，互联网也让他们不断革新自己的教学方法，增加自己的知识储备，加强与其他教师的合作等。

开放课堂就是运用互联网资源，打破传统课堂的时空限制，实现师生、生生之间的互动与合作，培养学生树立独立思维意识。

（二）从独白课堂转向对话课堂

独白课堂是指在大学英语教学中，教师拥有绝对话语权，对大学英语课堂教学的走向起着主导作用，学生则是失语者，大学英语课堂教学完全是教师的知识灌输过程。在这样的课堂上，教师与学生完全属于单边活动，学生并不是主动地学习知识，而是被教师教会的。教师为了完成自身的教学任务，占据课堂的大部分时间，导致师生之间并没有太多互动的机会，学生也因此降低了学习热情，产生了"虚假学习"现象。

"互联网+"时代最主要的特征就是学习内容更为丰富，一方面教师不再是学生获取知识的唯一途径，学生如果在课堂上有些知识没有掌握，他们可以在课下通过互联网展开自主学习；另一方面，随着网络技术的发展，网上的交互平台增多，师生之间可以通过网络进行交流互动，可以实时对话，这就使得课堂形态从独白走向对话。

对话课堂是指大学英语课堂教学主要以学生为本，将学生视作英语课堂教学的主体，通过对话手段，在师生之间建构平等互助的关系，最终提升教师的英语教学质量和学生的英语学习水平。对话课堂可以划分为三种对话形式：师生对话、生生对话、生本对话。其中师生对话是主要部分，教师和学生通过探讨问题，从而让学生掌握知识；生生对话是学生倾听其他同伴的意见，与其他同伴交流，共享他人的思维成果；生本对话是学生与文本展开对话，这是阐释性对话，是学生对文本的理解。

基于互联网的对话，英语课堂教学打破了现实课堂的束缚，使学生可以在任何时间、任何地方从自己的学习需求出发展开对话。教师在学习平台发布任务后，学生可以直接在平台上留下问题，教师进行在线解答。除此之外，学生在学习社区进行阅读时，也可以与其他同学分享自己的想法，实现思维共享。

（三）从现实课堂转向混合课堂

随着信息技术的发展，优质的网络平台逐渐建立和开放，为学生的多样化学习提供了更多选择，也不断促进英语教学的进步和发展。传统的现实课堂是单向灌输过程，过分注重理论而忽视实践，各种虚拟网络课堂发展迅速，为学生的英语学习提供了更为广阔的空间，但是由于学生缺乏学习主动性，对自己的管理也不严格，导致虚拟课堂也出现了很多弊端。因此，将现实课堂与虚拟课堂相融合的混合课堂才是首选。

混合课堂是融合了现实与虚拟、线上与线下的课堂模式，能够拓展学生的英语学习时空，发挥教师的辅助与引导作用，让学生获取更为优质的资源，培养学生的英语实践能力。

在当前的英语教学中，混合课堂的应用步骤如下：

第一，通过学习平台为学生布置任务，让学生通过观看视频，对下次课所要学习的内容进行搜集。

第二，在课堂上，学生展示自己的学习结果，也可以提出学习中的问题，在课堂上展开探讨。

二、构建智慧课堂

"互联网+"教育创造了多种教育手段，其中智慧课堂就是其中的一种重要模式。智慧课堂即依靠智能化技术，发挥教师与学生的智慧，对传统课堂教学模式加以优化。

智慧课堂要求以智慧教学环境作为支撑，这些智慧教学环境包括智慧校园网、学习资源平台，核心在于通过网络或者移动终端，接入学习内容，展示学习活动，更新与共享学习内容等。智慧教学环境可以实现真实情景的创建，实现学习协作，还可以提供个性化的学习资源。

具体来说，大学英语智慧课堂教学的设计框架如图4-5所示。

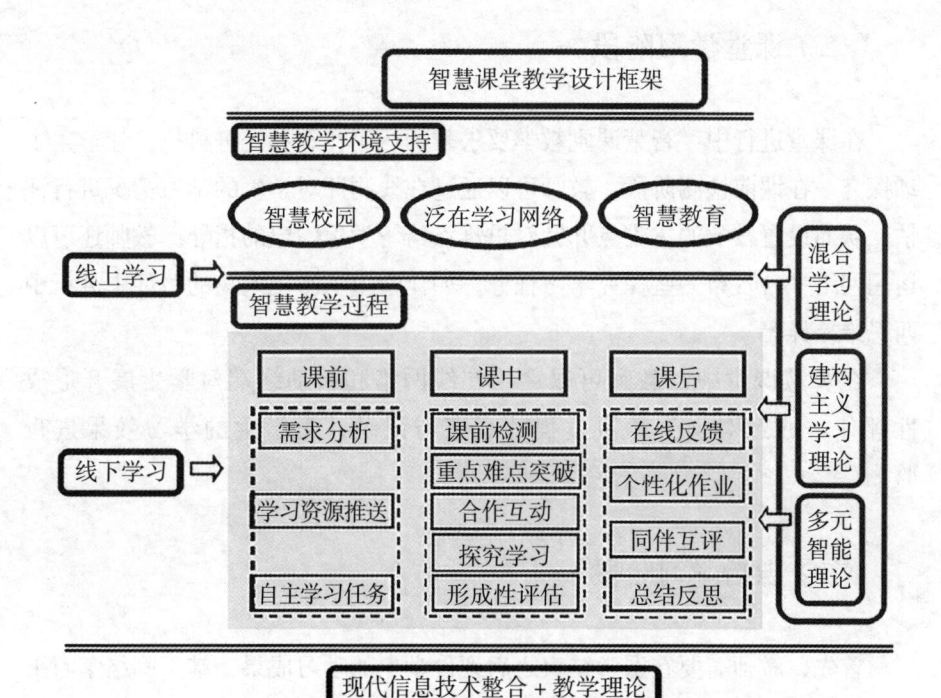

第四章　"互联网+"时代下改善大学英语自主学习问题的常见策略

图4-5　大学英语智慧课堂教学框架图[①]

（一）课前学习阶段

在课堂开始之前，教师可以通过网络问卷、测评等，了解学生的学习需求，从学生的学习需求出发，为学生提供学习资源，制订学习任务。智慧的英语学习不仅包括习得知识、获得技能，还包括提升学生的英语思维与文化素养。学生可运用英语流利说等移动终端APP进行听说训练，利用喜马拉雅在线听等展开英语文化学习。针对雅思、托福考试，推荐学生使用一些泛在网络学习平台展开有计划的学习。

---

① 厉建娟."互联网+"时代大学英语智慧课堂的构建[J]. 牡丹江教育学院学报，2018（06）：53-55.

（二）课堂学习阶段

在课堂进行中，智慧课堂教学要求教师运用智慧和先进科技，让学生主动探究。在课前检测阶段，教师可以通过在线测评对学生的学习情况进行评估，从而设置教学的重难点并针对重难点给予学生一定的指导。教师还可以运用网络平台发布一些探究学习任务，如让学生从影视人物的对话中分析中西思维差异等。

在智慧课堂中，教师可以运用在线网络和移动终端对学生展开形成性评估，通过对学生学习过程的观察与记录，对学生的学习效果进行监测。

（三）课后学习阶段

首先，教师需要在课堂结束之后评价学生的学习成果，基于网络学习平台中设置的"学习记录"模块，对学生的学习情况进行记录。

其次，教师需要在评价的基础上展开个性化反馈，为学生设置个性化的作业，如果学生在学习中遇到问题，教师可以进行针对性的辅导。

第三节 积极搭建数字化教学平台

数字资源给当代人带来了非常多便利，且资源内容非常广泛，大学英语教学应该充分借助数字资源的优势，进行教学创新。

随着互联网的普及，现阶段的大学生对电子设备、网络都非常依赖，因此可以借助信息技术来搭建数字化教学平台，在搭建平台时，教师应该从社会的需要出发，制订适当的英语教学目标，建立科学的教学体系，实现数字化模式的创新。

第四章　"互联网+"时代下改善大学英语自主学习问题的常见策略

另外，教师还可以创建微信公众号，定期发布一些学习内容，做好对公众号的维护，让学生在课堂之外能够感受到英语学习氛围。当然，教师也需要做好监督的工作，帮助学生提升自主学习能力。

一、创新教学手段

在数字化背景下，大学英语教师应该充分利用数字化设备，借鉴不同的教学模式，为学生解释英语文化知识与内容。在教学手段上，教师可以采取线上体验式教学。传统的体验式教学大多是线下的，而线上体验式教学的选择更为丰富，更具有探究性，同时能够激发学生对知识的探究意识。例如，教师可以选择一个电影片段，让学生体会语言的魅力，进而让学生进行配音，这样不仅能够让学生体会到原汁原味的英语语言，还能够调动学生学习的积极性。

二、创新教学内容

教师在开展教学之前，除了梳理本节课需要学习的知识，还需要进行课外拓展。如果仅仅是将书本知识搬到网络上，这样就失去了数字化教学的意义，因此教师应该对教学内容加以丰富，提升英语教学的趣味性与全面性。

第四节 创新大学英语教学组织模式

一、慕课教学

所谓慕课，英文是MOOC，是"大规模在线开放课程"的简称。从维基百科中我们可以查询到，慕课指的是由参与者进行发布的课程，并且材料也可以在网络上查询到。也就是说，慕课的课程是开放的课程，当然慕课的课程规模非常宏大。简单来说，慕课的课程具有分享性，无论你处于世界任何一个角落，都可以进行学习与下载。与传统课程相比，慕课有图4-6所示的优势。

慕课既然用MOOC表示，其可以理解为如下四个层面：

M是Massive的首字母，指的是规模比较大，具体来说：一是人数比较多，二是资源规模比较宏大。当然，这个"大规模"也是相对的。

O是Open的首字母，即慕课的开放性，学生可以根据自己的兴趣选择学习的课程，如果他们想学习，就可以注册、下载进行学习。

O是Online的首字母，即教与学的过程是通过网络实现的，如教师的线上教授、学生的线上学习、师生之间的讨论、学生作业的完成与提交、学生作业的批改等。

C是Courses的首字母，即课程包含主题提纲的讲授、内容的讲解、各种学习资料的上传、作业的布置、注意事项的提醒等。

慕课与传统的互联网远程课程、函授课程、辅导专线课程不同，也与网络视频公开课不同，所有的课程、教与学的进程、师生之间的互动等都可以在网络上实现，具有完整性与系统性。

慕课这一教学模式最早是在2008年出现的，2011年开始流行，这是教育的一大革新。直到2012年，由于各个大学不断推进慕课教学，因此将2012年称为"慕课元年"。

开展慕课教学，具体来说可以从如下几点着手。

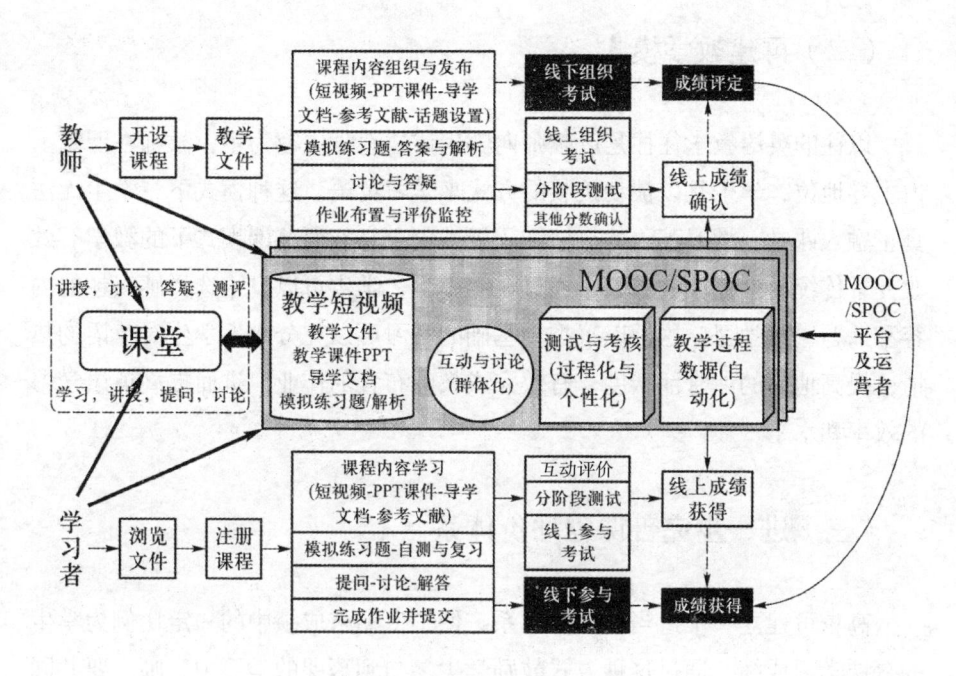

第四章 "互联网+"时代下改善大学英语自主学习问题的常见策略

图4-6 慕课教学与传统课堂教学的比较

（一）重构课程模式

　　基于慕课模式的大学英语教学模式是最近几年才兴起的，它是一种在线教学，具有一些传统教学没有的优势，但其本身也有一些无法避免的短板，例如无法进行师生间的面对面交流，这会使得教师不能有效分辨出究竟是哪位学生提出的问题，因此慕课无法完全取代传统教学模式；此外，由于慕课教学的规模通常都很大，教师没有办法做到因材施教，无法做到照顾每个学生的实际学习情况，只能根据大部分学生的学习情况来讲解内容。这些因素都表明慕课教学要与传统教学有机结合在一起，重构英语课程的教学模式，才能最大程度地提高慕课教学的效率。

　　重构的课程模式可以把慕课英语教学作为传统课堂教学的辅助，充分利用慕课所拥有的海量教学资源，丰富课堂教学的内容；教师还可以在慕课上布置课后作业，并通过网络实时了解学生的完成情况，确保学生按时完成作业。

（二）再建教学模式

以往的英语教学往往是以教师向学生讲述教学内容为主，教师在课堂上占主导地位，学生是以被动接收的方式来学习英语。这种模式下，学生无法真正融入课堂，学习英语的热情和积极性也不高。而慕课模式下的教学有效改变了传统教学存在的弊端，通过在线教学，学生可以自主选择感兴趣的内容和话题进行学习，这种以兴趣为基础的学习可以充分激发学生对英语的热情，提高他们的课堂活跃度，有效完成教师布置的作业，进而提高英语学习的效率和水平。

（三）进一步完善课程评价体系

高校可建立一个适当的评价体系，使学生期末成绩中的一定比例为学生的慕课学习成绩，通过这种方式鼓励学生参与到慕课的学习中，师生要共同参与到慕课中，对英语的学习内容进行探讨，师生间也要就对方的表现进行互评。

（四）科学整合慕课与传统教学两种模式

传统英语教学虽然存在许多问题，但是慕课英语教学模式并不能完全替代它。传统的面对面教学有着其他教学模式无法替代的优势，因此要及时进行英语的教学改革，将慕课英语教学的优势与传统课堂教学的优势有效结合，实现两者间资源的整合，从而在课堂教学中显示出两种模式的优势，提高英语教学的效率。

两种教学模式的有效结合方式是教师以传统的课堂教学为主、慕课英语教学为辅的形式开展教学。在面对面教学时，把学生放在课堂的主体位置上，讲解相关的基础知识后，进行师生间的互动，了解每个学生的学习进度和理解程度，针对学生学习过程中出现的问题进行解答，从而帮助学生理解和学习，提升教学效果。

课下教师可通过慕课平台进行适当的知识拓展和补充，满足不同层次学生的需求，锻炼学生自主学习的能力，还可以结合学生的专业，适当引入一些专业词汇，这样不仅可以提升学生的英语水平，还能使他们在学习英语的过程中增加专业知识，达到一举两得的效果。慕课有庞大的教学资源，在大学英语教学中，慕课可以满足不同学生对于英语学习的需求，针对性和实用性很强。

二、微课教学

微课，又称"微课程"，是运用视频教学的手段，依托PPT形式来展开教学的一种新型技术手段。既然是微课程，那么必然要求简短，因此在教学内容的设计上要求简洁，并能够涵盖完整的教学工作。也就是说，在整个教学中主要对一些专门的知识点进行讲解，通过短小的视频向学生传达内容。除了要讲授基本的知识点，也需要增加一些练习甚至是专家点评等。可以看出，微课并不是对传统教学模式的延伸，而是一种新型的、开放性质的教学手段。

随着微课教学的不断发展，很多学者对其展开了研究，并取得了一些著名的视频研究成果，深刻影响着全球的基础教育。虽然我国在极力推进微课教学，但是由于我国的研究仍处于初级阶段，研究主要限于宏观领域，在微观层面还有所欠缺。

在大学英语教学中应用微课，首先要与学校所制定的教学培养目标相适应，并且将二者有机结合起来，从而保证微课的可行性与科学性。在设计微课时，要考虑学校大学英语的教学特征及实际教学情况，合理规划不同类型大学英语课程的微课程，从而使不同类型的大学英语教学需要都能得到有效满足。

第五章 "互联网+"时代下大学英语自主学习能力培育的理念创新

当前,随着中国影响力在世界上的进一步扩大,越来越多的国内研究者开始着手研究英语课程中学生思想观念的培养,于是出现了很多新颖的术语,如"课程思政",即通过课程的内容来培养大学生正确的思想意识。本章主要探讨"互联网+"时代大学英语自主学习能力培养的理念,包括贯彻以学生为中心的教学理念、重视学生的学习风格、培养学生应用学习策略的能力、从价值上引领学生的大学英语自主学习。

第一节　贯彻以学生为中心的教学理念

一、开展英语合作学习

根据研究表明，课堂氛围是影响学生产生焦虑情绪的一项重要因素，对课堂氛围加以改善，有助于缓解学生的焦虑。[①]合作学习起源于20世纪70年代，被人们认为是一项成功的教学改革，因此受到了人们的关注。合作学习主要是对课堂教学中的人际关系展开研究，将目标设计作为先导条件，让学生之间展开合作，往往采用分组的形式，最后展示结果，教师查看团队中学生的表现以及最后的团队成绩。显然，合作学习这项手段融合了理论与实践，其对于缓解焦虑非常有效。

（一）"组内异质，组间同质"

小组内部应该保持异质，即小组内成员的水平、性格等要保证差异性，同时各个小组之间的水平不能相差太大，应该在每一组中都包含优等、中等、较差学生，因此这就需要教师在开展合作学习之前，应该了解每一位学生的英语水平及性格特点等，这样才能便于分配，也保证了小组之间的公平竞争。

（二）以团体成绩为评价标准

因为合作学习是以团队形式完成任务的，因此在评价标准上也应该考虑团队成绩，要求每个人在完成任务的过程中都能获得进步，这样可以一定程

---

① 刘妮. 普通高校大学生英语学习焦虑研究[D]. 西安：西安外国语大学，2011：23.

度上缓解学生因为比较而产生的自卑心理。

（三）强调和谐的师生关系

在合作学习中，教师不再是活动的控制者与传授者，而是充当了任务的制订者与组织者的角色，学生也不再是倾听者，而是转变成积极的参与者，这种互动的关系便于学生消除自卑感与胆怯心理。

（四）建构互助互爱的生生关系

除了师生关系的和谐，通过合作学习，学生与学生之间也保持了一种和谐的关系。因为每一名学生的知识结构、智慧水平、个性特征都存在差异，而合作学习恰好能够使这些不同的学生相互启发与交流，从而彼此补充、共同提高，这大大减少了学生与学生之间因为不和谐带来的紧张气氛，从而不断提升学生英语学习的水平。

（五）采取小组纠错、同伴纠错

对待语言错误，教师应该适当放手，让小组内的成员自行进行纠错，这不仅能增强学生的自信心，还能使他们降低焦虑情绪，同时还可以让学生更多地使用语言。

二、培养学生的自尊自信

在英语学习焦虑的影响因素中，负评价恐惧是其中仅次于考试焦虑的一个层面，主要表现在课堂上怕教师提问自己，如果提问自己总担心自己回答不好而受到教师的批评。负评价恐惧主要源自学生对自己的不自信、对自己学习的不自信，而这些都是受自己的自尊心的影响。学生产生学习焦虑，往往与自身的自尊、自信有着紧密联系，这就需要教师采用恰当的手段，对学生的自尊心进行保护，同时努力培养学生产生自信心，这对于缓解他们的焦虑十分重要。

（一）合理纠正学生的错误

在英语学习中，教师需要明确：学生在回答问题时出错是难免的，如果学生答错，教师应该从保护学生自尊心的角度入手，不要刻意纠错，要寻找恰当的纠错手段。当学生的自尊心得到了保护，那么他们会将内心的欲望逐渐释放，慢慢跟紧教师的步伐，与教师达成一种默契。当然，要想保证纠错方式有效，需要考虑如下几个因素。

第一，考虑学生的个性特征，如果学生是敏感性格，那么尽量减少对学生本身的评价，而是针对问题展开评价，避免学生产生心理负担。如果学生比较内向，尽量避免在公共场合纠正学生的错误，而尽量单独与学生进行交流。

第二，考虑纠错的时间、地点以及教师纠错的语气。这就是说教师在纠正错误时尽量选择在轻松的氛围中纠正，对于个别学生突出的问题，教师避免在公共场合纠正，应该选择课后进行纠正。对于学生普遍存在的问题，教师可以在课堂上指出。

当然，为了对学生的自尊心进行保护，教师除了要纠正学生的错误，还需要多进行表扬和鼓励，挖掘每一名学生的优点，并且有意识地放大学生的优点，这会让学生感受到自身在学习中的价值，从而将这种情绪扩展到英语学习中，促进自己获得良好的英语学习效果。

（二）培养学生的自信心

学生自信心的增强，可以帮助学生战胜学习焦虑。根据实践显示，如果学生的自信心较强，他们的学习焦虑感会比较低，他们不会受到外界因素的影响，便于将自身能力与水平充分发挥出来，同时让学生认识到自身具有某项能力，也有信心将英语这门语言学好。

一般来说，要想提升学生的自信心，可以从如下几点着眼。

第一，对学生寄予厚望。因为期望较低，学生的自尊心也较弱，更不用说自信心了。当然，如果期望过高，学生很难实现，也会挫伤他们的积极性，让他们变得更加忧心忡忡。因此，教师要设定合理的期望，从学生的智力水平、能力需求出发，让学生相信自己能行。

第二，让学生感受到成功的喜悦。在课堂上，教师应多多鼓励学生，并从问题的难度考量，提问学生，然后鼓励与表扬学生，这样可以进一步帮助他们建立自信。

三、缓解学生学习与考试压力

一般来说，造成学生焦虑的最主要原因就是考试。所谓考试焦虑，即学生在考试之前感受到一种威胁或者在考试的刺激下引起某些不安，是与注意、认知评价等紧密关联的一种紧张、恐惧情绪。

由于我国学生都是在应试教育背景下长大的，很多学生的学习焦虑源自各种考试，当然英语学习也是如此。而且，进入大学之后，英语四级考试也使得学生更为焦虑，因为很多学校要求四级考试与学生毕业挂钩。但是因为学生焦虑，导致他们的考试结果并不理想，并且严重影响了学生的身心健康。因此，教师应该对学生进行心理疏导，帮助学生进行学习与考试，将学生的积极性发挥出来，提升学生的心理素质，促进学生的全面发展。

这里教师就充当了一名"心理咨询师"，具体来说，教师应该指导学生做到如下几点。

（一）形成正确的应试动机

教师应该引导学生形成正确的应试动机，明确考试的意义何在。心理学家说过：人的认识会对人的情绪产生直接的影响，如果信念不合理，会导致情绪不良或者产生不适应性行为，进而产生心理问题。因此，教师应该帮助学生端正对考试的态度，树立正确的应试动机，勇于面对各种考试，放松自己的心情，使自己的思维达到最好的状态，这样才能取得理想的成绩。

（二）培养良好的人格

人格不良，往往导致心理紧张、考试焦虑。因此，教师应该组织学生参加各种有益身心的活动，锻炼学生的意志，培养他们形成良好的人格，提高学生的心理素质，尤其是那些具有竞争性的比赛，如演讲比赛等，通过这些活动锻炼学生的能力，提升学生的应变能力，这可以有效减轻学生的焦虑。

（三）树立良好的考试信心

有些学生在考试之前往往容易紧张，总是担心自己准备不充分，无法取得好的成绩，这就让自己的心理产生恐惧，反而更容易考试时一团糟，成绩也不尽如人意。因此，教师应该列举一些英语学习的成功案例，对学生进行引导，帮助学生树立考试的信心，帮助他们卸下心理的包袱、稳定自身的情绪，保持平常心。如果学生在考试时不自主地紧张，应该学会自我调控，自我暗示自己能行，自己给自己打气，相信自己一定可以取得优异的成绩。这些形式都是为了降低自己考试之前的焦虑。

第二节 尊重学生的学习风格

第二语言学习风格具有与其他学科学习风格相同的共性，这主要反映在不少学生有以下两种互相对立的风格：一是注重个别现象（field independence）的分析型（analytic）与注重各种现象之间联系（field dependence）的整体型（obal）。前者有时见木不见林，后者则不善于注意事

第五章 "互联网+"时代下大学英语自主学习能力培育的理念创新

物的细节。二是有些人是深思熟虑、喜爱猜测与推断的思考型（reflective），而另一些人则是快速反应与冒险的冲动型（impulsive）。前者对问题的看法往往比较全面与深刻，后者则常以对问题反应迅速而取胜。

20世纪70年代中期以后，对学习风格的探讨又发展到注意学习者外部的特点，将它们分成四种基本的学习方式，学习者习惯于分别通过以下4种渠道进行学习：视觉型（visual learning），如阅读和看图表等；听觉型（auditory learning），如听录音、听人讲解等；经验型（kinesthetic learning – experiential learning），如亲身经历等；制作型（tactile learning – hands –on learning），如制作模型、进行实验等。

上述对认知风格的探讨也适用于第二语言学习风格的分析。随着研究的深入，对第二语言学习风格的分类逐渐具有自身的特点。目前已探讨了下列4种第二语言学习的风格：

外向型与内向型。前者思想感情外露，喜爱发问，语言表达迅速，善于交际及与人合作；后者喜爱独自思考，不轻易流露内心的感受与想法。

冒险型与腼腆型。冒险型的学生喜爱猜测并很快下结论。他们急于学习新的难度大的语言材料。在语言练习中不怕犯错误。而腼腆型的学生则按部就班地消化语言知识。他们顾虑较多，因而羞于提问。回答问题时追求完美，对迅速接触大量的语言材料感到不适应。

主导型与无主见型。前者爱征服语言难点，在集体活动中发言多，意见强烈，不轻易放弃自己的观点。后者发表意见时吞吞吐吐，对自己的观点信心不足，常改变自己的看法。能积极参与集体活动，但希望有人出面领导与组织。

社交型与自我型。社交型的学生广交朋友，主动寻找机会与人交流。积极倡议与参加集体活动，并能与不同性格的人相处。自我型的学生相信自己的学习方法与语言知识，喜爱独自完成工作与学习任务。

总的来说，一般语言研究者都认为，外向型、冒险型、主导型与社交型的学生学习第二语言成效较高，而内向型、腼腆型、无主见型和自我型的学生则不易学好第二语言。但是对于后者决不能歧视，而应采取正确的方法进行引导，发扬他们的长处，克服弱点。

在学习层面，学生往往表现出很大的差异性。那么，这些差异是怎么形成的呢？如何将学生的差异缩小呢？教育心理学家与教育工作者对这些问题进行了深入研究。尤其是20世纪60年代开始，学者布鲁姆对这些问题着重进行了探究，提出了"三大教学变量"这一理论。①

（1）先决知识行为，即学生要想完成学习自身所具备的条件的程度。

（2）先决情感特点，即学生能够被触动而完成学习的程度。

（3）教学质量，即教学与学生相适应的程度。

在布鲁姆看来，上述三大变量对学生的学习成绩、学生的学习进度、学生的情感等起着决定作用。具体来说，三大变量与教学结果、学习结果之间的关系如图5-1所示。

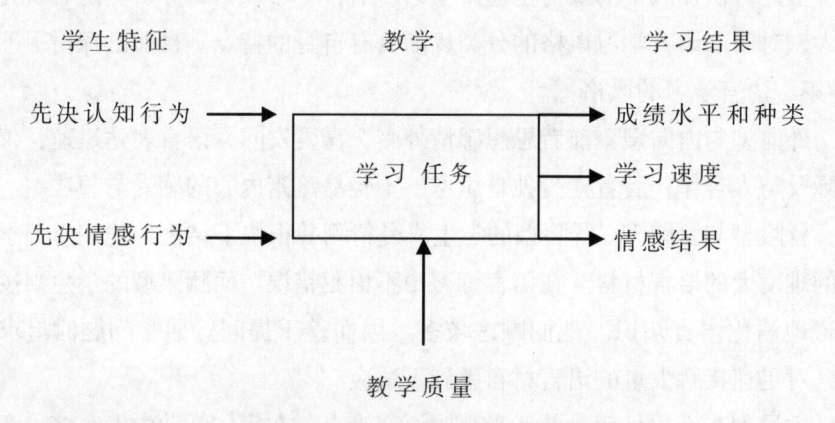

图5-1 布鲁姆的三大变量与教学结果、学习结果的关系②

在这里，布鲁姆强调的是，在学习中，任何一项学习任务都是与前面一个学习任务紧密相关的。先前的学习经验不仅有助于学生知识的掌握，也有助于学生情感的形成。也就是说，不能舍弃学生的先决认知行为，也不能放弃学生的先决情感特点。

什么是先决情感特点？其指的是学生受到鼓励之后参与学习的程度。在学习中，学生的情感对学习非常重要，如果学生带着热情展开学习，那么他

---

① 黄志成. 布鲁姆对影响学习的变量的系统研究综述[J]. 外国教育资料，1990（4）：31-39.
② 文卫平，朱玉明. 外语学习情感障碍研究[M]. 西安：西北大学出版社，1998：69.

们学起来会非常轻松，并且能够取得好的成绩。那么，如何培养学生积极的先决情感呢？其关键在于让学生在学习中获得成就和满足，具体而言可以从如下几点着眼。

一、获得成功的学习经验

这就是说在学习中，教师应该引导学生学懂、学会，鼓励学生创造积极的、定向的、与自身实际符合的自我概念与志向，让他们体会到获得成功的感觉。很多学者都认为成功的经验对于学习非常重要。如果学生刚开始学习就遇到了失败，那么他们有可能丧失学习的兴趣，也很难展开进一步的学习。因此，获取成功的学习体验是非常重要的。为了感受到成功，学生需要设定切合实际的目标，具体而言教师需要做到如下几点。

第一，设定学生可以达到的目标或者学生自主选择的目标。

第二，得出结果后着重积极层面的介绍和强调。

第三，鼓励学生对自己的学习进行指导。

第四，教学中鼓励自我竞争，减少个别的对比，允许学生设定自己的目标。

二、唤起学生的好奇心

教师可以通过创设情境，让学生喜欢上学习，亲身体验到学习中获得成功的乐趣，这样有助于提升学科的吸引力。一般来说，一些身体力行的活动、调查研究活动、生活中的情境等都可以吸引学生的注意力。当然，教师在设置任务时，一定要考虑那些积极的，且能够融探索、调查、社交等内容的方法。同时，也可以从学生的爱好出发成立兴趣小组，如语法组、翻译组等，这些可以将学生的潜力开发出来。

三、让学生明确自身目标

这就是让学生弄清楚自己要做什么,如何做才能实现目标。就动机而言,目标的设定标准应该是学生能够理解并且能短期完成的。如果目标设定得太高、太难,那么学生就会丧失学习动机,因此教师在设定远期目标的时候,应该在过程中设定一些小的近期目标。

第三节 培养学生应用学习策略的能力

一、语言学习的策略

从广义上说,"第二语言学习策略"指学生为了习得、储存和随时引用语言信息而有意识和有目的地采用的具体行动和技巧。20世纪80年代末90年代初,美国阿拉巴马大学语言学家奥克斯福特发表了多篇论文,系统提出了语言学习策略应涵盖的内容。

(1)认知策略(cognitive strategies)。指使用各种规则理性地分析、综合、推断、组织与转换语言的策略,包括有意识、有计划地利用信息资源(如书籍、词典、教材等),将关键词及图表数字等进行笔录,在自然语言环境与课堂教学中自觉地吸收与使用语言结构和通过归纳和演绎联系新旧知识并陈述自己观点等策略。

(2)记忆策略(memory strategies)。采用科学方法,将通过视觉与听觉等手段获取的信息在大脑中储存、分类并随时取出。

(3)补偿策略(compensation strategies)。指对学习者的知识缺陷进行补偿。如对语言素材的上下文进行有意义的猜测与推断,利用体态语言协助表达意义等。

（4）超认知策略（metacognitive strategies）。为了学好语言，除认知策略外，还需具备自觉学习语言的意识。如集中注意力，制订学习计划，有意识地寻找语言实践的机会，尽量运用已有知识表达思想，监控学习中的错误和不断对学习成效进行自我评估，以发扬成绩，克服缺点等。

（5）情感策略（fictive strategies）。经常自我鼓励，提高自信心。不满足于已取得的成绩，遇到困难时能主动克服焦虑、自卑与情绪低落等弱点。

（6）社交策略（social strategies）。主动与他人、特别是以外语为本族语的人进行交流。如有意识地学习、了解和运用有关语言的社会和文化知识，多提问，与小组及班级同学合作，互相帮助和主动参与各项活动等。

奥克斯福特认为，这些策略不仅分别构成了第二语言学习策略，而且互相影响，互相作用。她的意见得到语言学界广泛的认同。学习策略对语言学习成效有极为重要的影响，有时甚至是决定性的影响。已有多项调查的结果说明，学习成绩好的学生往往在学习策略方面有共同的规律，即他们一般都能有意识地采取适合自己的策略有效地学习。而学习成效不理想的学生也常有一个共同的特点，即他们或没有意识到学习语言应有一定的策略，因而在遇到困难时不能自我调节；或采用了不适合自己的策略而导致事倍功半。因此，20世纪90年代有关第二语言学习模式的研究包含了对学习策略的分析，将学习策略提高到影响第二语言学习成败的重要地位。

二、学生应用学习策略能力培养的措施

（一）教师呈现良好的心理素质与品质

在课堂上，教师除了传授给学生课程内容外，还需要投入一个看不见的内容，即品质。一名好的教师，他/她需要具备如下品质，如图5-2所示。

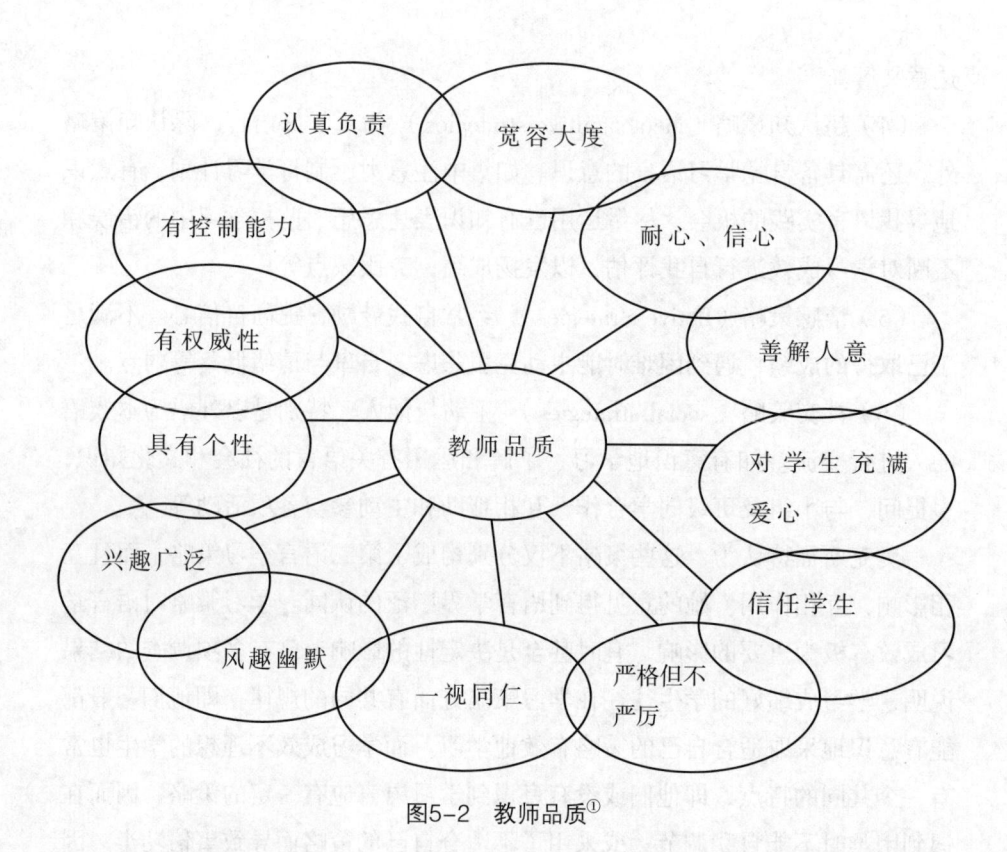

教师品质图(认真负责、宽容大度、有控制能力、耐心信心、有权威性、善解人意、具有个性、对学生充满爱心、兴趣广泛、信任学生、风趣幽默、一视同仁、严格但不严厉)

图5-2 教师品质[①]

这些品质归纳起来,可以总结为如下几个层面。

1.高尚的情操

教师应该敬业,具有良好的职业道德,具有无私奉献的精神。尤其是当今社会,应该耐得住寂寞,经得起金钱的诱惑,讲求为学生付出,不求得回报。

2.谦虚的品质

教师不应该自大、自满,而应该具有谦虚的品质,对学生也不能颐指气使,给学生以居高临下之感。另外,教师在教学中也应该实事求是,不能装腔作势,时刻注意自己的言行,不能鲁莽,不能对学生的尊严造成损害。

[①] 文卫平,朱玉明.外语学习情感障碍研究[M].西安:西北大学出版社,1998:163.

第五章 "互联网+"时代下大学英语自主学习能力培育的理念创新

3.坚强的意志

一名合格的教师,应该目的明确、毅力顽强,当他们与学生进行接触的时候,应该富有耐心,能够将自身的涵养展现在学生面前,让学生学习与亲近。

4.广泛的兴趣

教师应该兴趣广泛,除了对本学科孜孜不倦外,还需要对有益学生进步的东西抱有热情,如很多学生热爱音乐、体育、旅游等,教师对这些都应该有所涉猎,甚至可以将这些内容融入英语教学中,不仅有助于学生知识的增加,还有助于增进与学生的情感。

5.愉快的心境

教师在教学中应该和颜悦色,以愉快的形象给学生以情感熏陶。同时,在教学中也应该乐观向上,课堂上应该保持幽默,这样才能调动起学生的积极性。

另外,外语教师的心理素质可以归纳成十种能力,如图5-3所示。

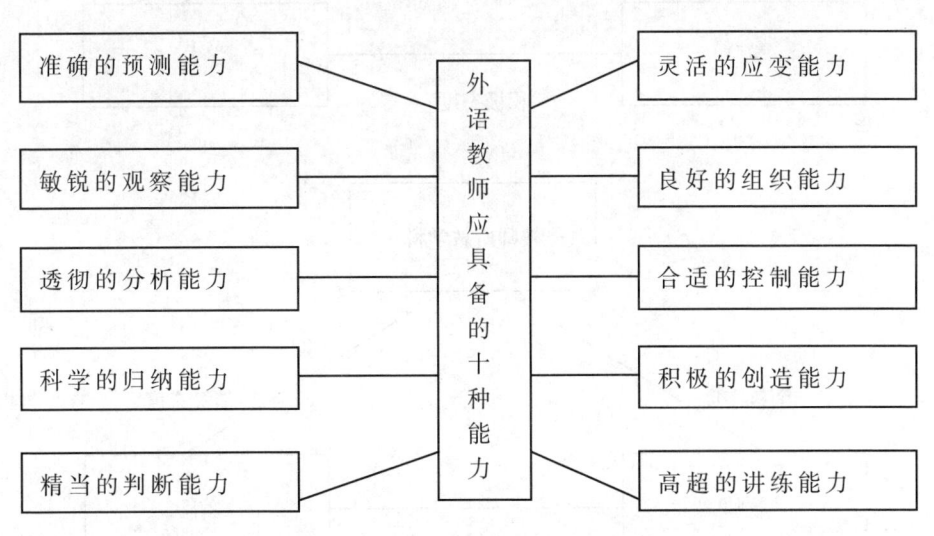

图5-3 外语教师应具备的十种能力[①]

外语教师应具备的十种能力:
- 准确的预测能力
- 敏锐的观察能力
- 透彻的分析能力
- 科学的归纳能力
- 精当的判断能力
- 灵活的应变能力
- 良好的组织能力
- 合适的控制能力
- 积极的创造能力
- 高超的讲练能力

---

① 文卫平,朱玉明.外语学习情感障碍研究[M].西安:西北大学出版社,1998:164.

外语教师只有具备这些优秀的心理品质，才能在教学中应对学生的各种心理现象，从而为学生创造积极的情感背景。

（二）教师表现出积极的态度

著名心理学家海德提出了态度平衡理论，如A喜欢B，那么A对于B的穿着也会表示欣赏。从这一理论中可以看出，教师对教学内容的价值进行肯定的基础上，学生在认知"教师—教师所教学科"这一关系时，为实现平衡，往往表现为如下两种情况，如图5-4所示。

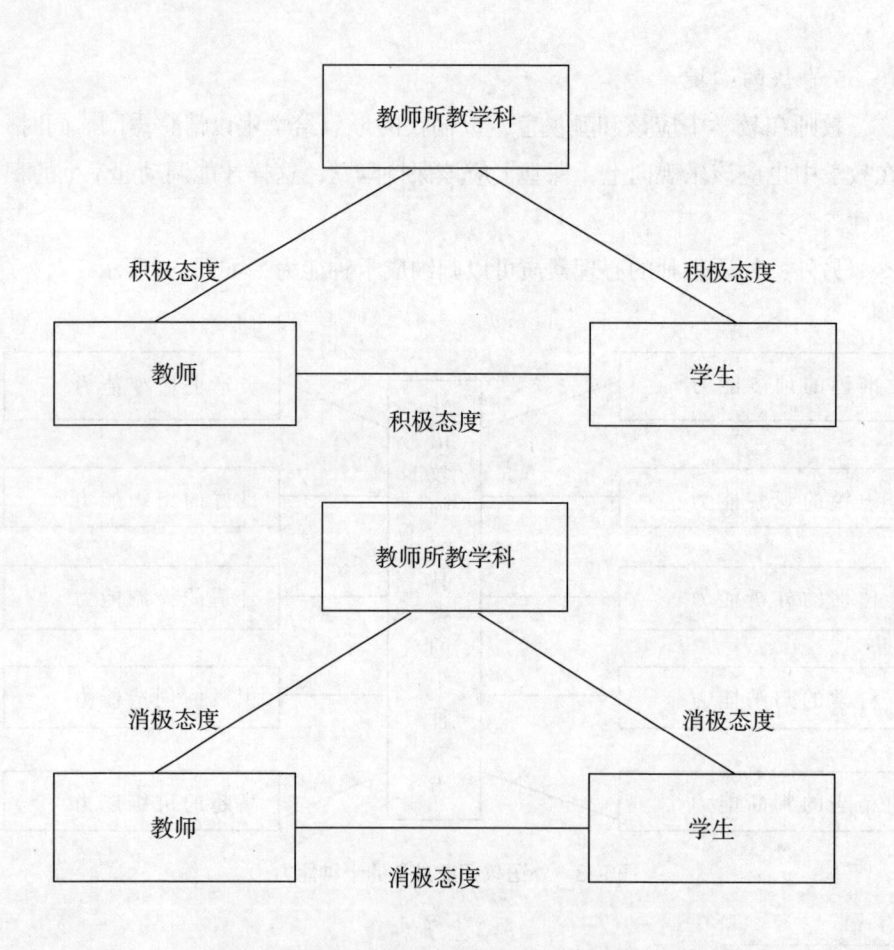

图5-4 教师、学生、教师所教学科之间的平衡

从图5-4中不难看出，学生如果对教师持有积极的态度，那么对于教师所教的学科也持有积极的态度；如果学生对教师持有消极的态度，那么对于教师所教的学科也持有消极的态度。同样，如果教师对自己所教的学科持有积极的态度，那么对学生也持有积极的态度；如果教师对自己所教的学科持有消极的态度，那么对于学生也持有消极的态度。可见，教师的积极态度能够对学生以及学生所持有的价值观起着直接的影响。

那么，教师在教学中如何展现积极的态度呢？

首先，要将英语这门学科的价值尽量突出出来，让英语这门学科与学生的实际生活相联系，让学生感受到学习英语是有用的。

其次，教师努力将自身对学生的积极态度转化成学生对自己的积极态度，使学生能够接纳教师，只有接纳了，才能增进教学的效果。

（三）培养学生肯定自我

从总体来说，自我可以划分为两种，一种是肯定的自我，一种是否定的自我。前者对自我有准确的认识，积极地看待情感体验；后者对自我的认识是扭曲的，消极地看待自己的情感体验。显然，肯定的自我对于自己的发展十分重要。

学生如何培养自己肯定的自我呢？在这之中，教师是一个重要的因素，教师可以创造条件让学生实现肯定的自我。

1.培养学生的归属感

所谓归属感，即个体被他人接受和接纳的心理态度。从本质来讲，人是社会中的一分子，人从社会的尺度对自己进行考察与认知，当自我与他我出现分裂的时候，意识到自己脱离了社会、脱离了世界，就必然需要将自我放在他我之中。这就是自我认识的过程，当然自我认识的程度，取决于他人对自己的接纳程度。根据马斯洛的理论，人在生理与安全的需要得到满足之后，往往需要寻找归属感的群体，被这个群体接受，获得群体的关爱。归属感使人的心理得到安全，获得情感寄托，一个人的归属感越强，其更容易形成肯定的自我。

具体来说，归属感的培养需要做到如下两点。

（1）教师应该鼓励学生明确自己的角色、扮演好自己的角色。也就是说，归属感使自己更明确自己在群体中的地位，并且这个地位是受到其角色扮演的成功与否决定的。众所周知，学生的学习情况与其获得的成就有着紧密的关系，并且也成为判断他/她在班级里面位置的标准。如果一个人的学习态度良好，愿意努力付出，与集体的目标保持一致，那么他/她很容易得到班级的认可，获得自己的位置。对于教师而言，无论学生的学习状况是怎样的，都需要鼓励自己的学生定位自身的角色。

（2）教师应该为学生创造多种参与活动的机会。实际上，参与的过程就是与集体相融合的过程，如果个体积极参与集体的活动，他/她也很容易融入集体之中，获得集体的认可。在英语课堂上，教师可以进行角色扮演、分组任务等，让每一位学生都积极参与，彰显每一位学生的个性和才能，让他们的潜力得到发挥。

2.培养学生的自尊自强意识

学生如果具备自尊自强的意识，也是对自我形象的肯定。要想培养自尊自强意识，可以从如下几点着手。

（1）以成功经验作为引导提升自我观念。如果学生在英语学习中经常失败，往往会丧失学习的信心，从而影响学习英语的动力。因此，在英语课堂教学中，教师应该为学生提供成功的机会，让他们感受到成功的喜悦，从而增强自己的自信心。

（2）尊重学生的情感，避免错误的褒贬。在课堂学习中，学生的个性、兴趣等存在明显差异，学生有时候会产生不同的想法，教师应该首先对这些想法进行接纳，然后通过实证分析，让学生认识到自己的想法是否正确或者错误。需要指出的是，教师应该避免随意褒贬，因为未经过论证的做法显然会对学生造成影响，甚至一些随意的贬低会让学生丧失自我意识。

（3）提出合理的要求。当然，教师不能一味满足学生的情感需要，这样会放纵学生，应该在关心的同时严格要求学生。

第四节　从价值上引领学生的大学英语自主学习

一、大学英语教学的价值引领功能

大学英语在学生的课程体系中扮演以下四种角色。

第一，英语是一种工具，它不仅是一种交流工具，还是一种科研工具。工具性指的是大学英语教学要注重培养大学生的听、说、读、写、译的能力和跨文化交际能力，并掌握与专业或未来工作有关的学术英语或职业英语，获得在学术或职业领域用英语进行交际的能力。

第二，英语课堂是学生通过各种英语考试的练兵场。大学期间取得英语证书是学生完成学业的必备条件，也是毕业以后进入工作岗位的敲门砖。无论学生本科毕业之后是要考研、工作还是出国留学，英语都是必须掌握的学科。英语课堂的练兵场功能就是科学系统地提高学生英语水平、提高应试技巧、创造竞争环境，督促学生全身心投入英语学习中来。

第三，大学英语能增进学生对不同文化比较鉴别的能力。大学英语是一门人文学科，人文性指的是大学英语教学要让学生了解国外的历史与文化，增强对不同文化的理解能力以及对中外文化异同的比较能力。人文性的核心是以人为本，弘扬人的价值，注重人的综合素质的培养和全面发展。在大学英语课堂中，学生可以交流思想、开拓思维、培养审美、提升人文素养。

第四，大学英语课是课程思政的重要组成部分。习近平总书记在全国高校思想政治工作会议上强调：要用好课堂教学这个主渠道，各类课程都要与思想政治理论课同向同行，形成协同效应。大学英语课程，作为一门公共必修课，理应把立德树人放到重要的位置。

二、大学英语教学价值引领的核心内容

（一）思想品德教育

当前的英语教学中，要求将思政教育融入其中，这就凸显了思想道德教育的意义。当然，在家庭教育中，思想品德教育也是其重要的内容，包括学生的世界观、人生观、价值观等。因此，每一个家庭需要努力提升自己孩子的思想道德水平，家长可以与自己的孩子进行交流，引导他们构建自己的道德意识，发挥他们的道德情感，提升他们的道德行为。

（二）社会适应能力教育

大学生进入大学之后，就意味着已经向社会迈进，因此要求他们在社会这个大环境下，能够与他人展开交流、与社会环境能够协调，从而提升自身的综合素养。这是一种综合能力，与大学生个人的前途与命运休戚相关。因此，家长应该引导孩子多与他人接触，恰当处理与他人的关系，从而能够与社会环境相适应。

（三）身心健康教育

在大学生家庭教育中，身心健康教育非常重要，也是现代人才的根本要求。当前，大学生的身体素质并不乐观，因此家长应该努力培养他们的健康意识，让大学生明确身体是革命的本钱，只有身体健康了，才能更好地进行学习、走向社会。

（四）爱和生命教育

教育的终极目标在于让每一个生命都能健康发展。对大学生展开爱和生命的教育，可以将大学生的生命热情激发出来，引导他们对生命有正确

的认识，能够珍爱生命、珍爱自己、珍爱他人。因此，家长应该创造平等、民主、和谐的家庭氛围，让大学生感受到生命是美好的，从而更好地尊重生命。

（五）情感教育

一个人经受过情感教育，他往往善于与他人沟通交流，能够唤起他们对生活的热爱。如果一个人没有经过情感教育，往往比较自大或自卑。大学阶段是大学生情感走向成熟的阶段，因此家长应该好好把握，引导孩子培养有责任、自豪、信任、安全的情感，让他们学会控制自己的情感、学会表达，从而形成健康的情感。[①]

三、坚持对学生价值引领的措施

要想坚持对学生进行价值引领，除了需要社会的积极支持，更重要的是需要将大学生的主体作用发挥出来，积极建构自身的心理资本，提高自身的英语学习兴趣和积极性，从而激发自身的英语学习动力。具体来说，可以从如下几点着眼。

（一）创设积极的学习体验，增强学生的自我效能感

首先，应该创设条件，让大学生获得积极的学习体验，教师、辅导员等可以组织学生积极地参与一些社团活动、支援行动等，让他们在不断地体验中感受到成功的喜悦，重新建构自己的信心。

其次，大学生可以不断进行模仿或展开替代学习，从而提升自身的自我效

---

① 龚芸.高职学生学习倦怠问题研究[M].北京：北京理工大学出版社，2015：102.

能感。通过一些经过自身努力改变命运的典型案例，让其他大学生意识到这些人和自身的情况相似，从而增强自身的自信心和韧性。

最后，教师要不断给予学生一些鼓励与认可。一般情况下，一些进行英语学习的学生，他们的优势往往被缺点掩盖住了，因此教师应该发现这些学生身上的闪光点，并且将这些闪光点放大，也就是说教师应该多给予学生积极正面的鼓励和评价。

（二）合理设置学习目标，保证学习计划的顺利执行

要想改善大学生自身的英语学习情绪，就必然有希望，如果一个人没有希望，那么他就很难有积极的信念与态度，也看不到未来，很难提升自我。因此，要不断提升大学生的希望水平，这是非常重要的。

首先，要合理设置学习目标，以大学生的就业导向等为依托，帮助学生建立科学的职业生涯规划，为自己的人生定好方向。在这一基础之上，从学生的实际情况出发，设置一些近期的学习目标，并且设置的目标应该具有可行性与挑战性，这样才能将学生的学习潜力激发出来。

其次，将目标进行拆分，分步骤来实施计划。具体来说，将自己设定的目标拆分成一些小的目标，然后根据自身的情况来执行这些小的目标，这样可以提升目标的可行性，增强学生学习的动力与积极性。

再次，及时奖励学生。也就是说，当教师看到一些英语学习的学生出现了积极的转变时，应该给予他们褒奖，这样才能让他们充满希望。

最后，应该提供必要的社会支持。很多时候，学生在英语学习过程中，往往会遇到学习障碍与困境，这时候就容易产生挫败感，因此学校、家庭应该给予学生支持与必要的支援，帮助他们度过学习的情绪难关。

（三）学会积极地归因，培养自身的乐观精神

要想培养英语学习学生的乐观心态，可以从如下两点着手。

第一，让英语学习的学生能够接纳自己的过去，尤其是自身过去的失败与缺点。当然，对过去失败与缺点的接纳，并不是让学生逃避责任，而是对

自身的失败进行客观的看待，不能因为自身一时的失败就否定自己，应该将这些失败与缺点看成自身前进的动力，积极寻找应对失败与缺点的对策。

第二，让英语学习的学生能够珍惜当下，学会积极寻找原因。英语教师、辅导员等应该积极与英语学习的学生进行谈话，引导他们认可当前的积极方面主要归因于自身的稳定的因素，让学生不再沉溺在消极的层面，将目标转向积极的层面，从而提高他们对英语学习的预期。

（四）积极地展开实践，增强学生自身的韧性

对过程进行关注是增强英语学习学生韧性的关键。具体来说，主要可以从如下几点着眼。

首先，积极积累韧性资产。所谓韧性资产，涉及心理资产、人力资产、社会资产三大层面。其中心理资产就包含个人的勇气、个人的意志力等；人力资产主要包括个人的知识与能力；社会资产主要包括个体的人际关系网。对于英语学习学生来说，一些高等院校往往采用刚柔相济的举措，一方面从制度上对他们进行督促，另一方面要为学生的改变提供契机。例如，英语教师对课堂进行严格的控制，加强对英语学习学生的考勤监督；学校创设一些英语补习的课堂，加强对英语学习学生的辅导；学校努力促进同辈学生彼此之间的互帮互助，建立朋辈辅导；家庭应该摒弃"学生进入大学就放任不管"这一态度，不断了解自己孩子在大学的情况，与学校共同参与到大学生的教育之中，帮助学生养成良好的学习习惯。

其次，增强英语学习学生的自我管理能力。学会对韧性危害进行规避。一方面，英语教师、辅导员应该帮助英语学习学生掌握一定的时间管理技巧，提高学生的时间管理能力，让他们能够协调好自身的学习与生活的各种关系。另一方面，英语教师、辅导员可以通过一些拓展活动，对英语学习学生的意志力进行磨炼，加强他们的自我调节能力，对自己的英语学习情况进行改善。

最后，树立积极的信念。当学生遇到学习挫折的时候，应该引导英语学习学生将挫折、困难等视作自身成长的一个重要方面，不应该退缩，而应该积极面对，对自己遇到的各种问题想办法解决，直到克服自身的英语学习状态情绪。

第六章 "互联网+"时代下大学英语自主学习能力培育的内容创新

大学英语自主学习能力的提升最关键的要素就是大学生自身，只有自己积极主动地展开学习，才能真正提升学习能力。在"互联网+"时代，大学生的学习方式与以往相比发生了巨大的变化，他们利用各种多媒体资源、网络资源、自媒体资源等，可以展开多方面的知识学习。为此，本章重点研究"互联网+"时代下大学英语自主学习能力培育的内容创新。

第一节 "互联网+"时代下大学英语词汇与语法学习能力的创新培育

一、大学英语词汇与语法知识分析

(一)词汇知识

1.词汇的概念

苏联的语言学家在《词的词汇成分和语法成分》中提到:"词在词汇领域内和语法领域内是语言必备的单位,因此必须把词看成是语言的基本单位:一切其他的语言单位(例如词素、短语、某种语法构造)无论怎样都是以词的存在为前提。"

然而对"什么是词"这一问题尽管长期受到语言学家的关注,人们也提出了很多的定义,可是似乎没有一个看起来完美无缺,因此迄今为止,学者们尚未能就词的定义达成一致。有一点是可以定下来的,那就是对词所下的定义所涉及的基本内容不外乎是音和义的问题。

有的人认为,词是语音和意义的统一体,语音是词的物质外壳,意义是词的物质内容。有的人则认为,词具有固定的语音形式,代表一定的意义,属于一定的语法范畴,体现一定的语法功能。

《朗文语言教学词典》将word定义为:在口语或书面语中独立出现的最小语言单位。但是,这一标准并不总能适用。例如,类似the这一类的功能词能独立出现吗?can't(即can not)这一类的缩写形式算一个词还是两个词?可是,有证据表明,说本族语的人对于他们的语言中什么是单词,往往看法一致。

综合语言学家们对词的定义,我们可以说词是语音和意义(包括词汇意义、语法意义)相结合的语句的基本结构单位。或者可以说,词是具有一定语音形式,表示一定意义,能够自由运用的最小语言符号。例如:

She has the ability to swim like a fish.

本句中的所有单词都是音与义的结合体,同时也是构成全句的基本结构单位,其中she,ability,swim,fish具有独立的词汇意义,the,to,like,a在表示词汇间关系时产生词汇的语法意义,has独立地具有词汇和语法意义。

可以说,词是"最基本的结构单位,由一个或几个词素组成,通常在短语结构中出现",词是一种语言符号(linguistic sign),具有意义和形式。总之,词汇能够反映语言的发展状况。一种语言的词汇越丰富、越纷繁,这种语言就越发达。英语是世界上十分发达的语言,首先便是表现在其词汇的无比丰富上。据初步统计,当代英语的词汇量已超过了百万。

2.词的分类

词汇是语言中的词和固定短语的总集合,是一个对立统一的体系。词所组成的每一个类聚都是词汇这个总集合的一个子集合。根据不同的研究角度和不同的划分标准,可以划分出若干性质不同的类聚。

根据词在语言体系中的地位和作用来划分,可以把词汇分为基本词汇和一般词汇。

(1)基本词汇

基本词汇是词汇的基础,是语言中词汇的核心部分,它和语言中的语法构造一起构成语言的基础。基本词汇是由基本词构成的,基本词指语言中产生较早而又较稳定,使用频率高的词,它所标记的概念多是与我们人类生存和人类社会生活密切相关的事物、现象和行为。基本词汇有三个特点。

全民常用性。基本词汇中的词都是日常生活中不可缺少的、常用的词,如"一、十、手、人、爸、东、大、好、走、打、吗、了"等。绝大多数基本词在交际中频繁出现,不分行业和社会阶层,不分地域,广泛地为各阶层各地区所使用。有些词对某一个地区或某一社会集团来说是常用的,如"来复线"等军事用语、"C肽"等医学用语,由于它缺少全民性,所以不是基本词。

历史稳固性。基本词生命长久,在长期历史发展过程中被使用着,变化很少。如"山、水、大、小"等。有些词具有全民常用的特点,虽然它们的历史还不长,如"宪法、报纸、电视、电话"等,但也会有历史稳固性,它们也是基本词。

能产性。基本词多数可以作为词根构词，而且有很强的复合和派生能力。同根词多是以基本词的核心词根构成的。如"心"，可以构成"中心、开心、会心、唯心、心田、心脏"等同根词。有的基本词的构词能力差些，极少数的基本词，如代词，基本上没有构词能力。

（2）一般词汇

词汇中基本词汇以外的就是一般词汇了。

一般词汇的特点正好与基本词汇相反。通常来讲，一种语言中，一般词的数量要多于基本词，一般词是人类生活不断发生变化的见证。

一种语言中的词汇大部分是相当稳定的，但也会在历史发展中发生变化，如"电"，在它刚被发明出来时不是基本词，但现在由于它已经进入了人们的日常生活，成为人们日常生活不可分割的一部分了，而且它的构词能力极强，如"电话、电灯、电视"等，所以"电"现已成为基本词了。

同样，有一些词曾经是基本词，由于人们不再频繁地使用了，如"官府、状元、骊"等，这些词就不再是基本词了，它们变为一般词。这说明，基本词和一般词的界限不是一成不变的。

（3）通用词和专用词

按语体属性，可以把词汇分为通用词和专用词。

通用词不受语体限制，能在各种语体中使用，这种词占词汇的大部分。而专用词是专用于不同语体的词，这种词的比重较小。专用词首先可分为口语词和书面语词。口语词一般来说，通俗、活泼、生动、形象，多用于叙事语体；书面语词比较文雅、庄重、严密、准确，多用于政论语体和学术语体。

专用词还有科技术语和行业语。术语是书面语中的特殊部分，它是用来表达某个科学部门、生产部门或文化部门所特有的概念的词和短语，如"语素、唯心史观"等。术语必须具有单义性、准确性和所表达的概念的严格分化。

术语也是词汇中的特殊部分，它和非术语有密切关系。术语有以下一些特点：有的术语直接用一般词语充当，如"品种"；有的是在基本词的基础上造成的，如"肥源"等。有许多术语，最初是属于专业部门的，后来变成了通用词语，如"本质"原是哲学术语，现在成为通用词；"洗礼"原是宗教用语，但现在已成为具有接受锻炼的通用意义了。同一个词可以充当不同部门的不同术语，各有自己的确定的含义，如"运动"可以用在不同的部门（体育、哲学、物理等）。术语只表达概念而不包含感情色彩，非术语中有一部分表情词。行业语就是某种行业和职业的专门用语，如"贷款、利息、台词、导演、记者、稿费"等。

通用词和专用词不同，但这种划分不是绝对的。有的口语词也可以在书面语里使用，有的书面语词也可以在口语中使用。很多的术语和行业用语可以当作通用语来用，而很多的科学和行业领域也要使用通用语。

（4）表情词和非表情词

按是否带有感情色彩给词分类可分为表情词和非表情词。

非表情词只指称事物、表达概念，并不附带说话人对词所代表的事物的态度，如"听""桌子"等，这样的词只有理性意义，没有感情色彩。

表情词又分为不同的情况。有的表情词没有具体所指，不表达概念，只表达感情，如叹词。有的表情词在指称事物、表达概念时，还附带着表示对这种事物或现象的态度，有的词表达了人们对事物现象的赞许、肯定、褒扬的情感，含有褒义，称为褒义词；有的词表达了人们对事物现象的厌恶、否定、贬斥的情感，含有贬义，称为贬义词。褒义词和贬义词都是表情词，如"果断"是褒义词，"武断"是贬义词。有的词不表示爱憎褒贬，没有特定的感情色彩，可用在褒义场合，也可用于贬义场后，是一种中性词。带有爱憎感情的词也是表情词，如"老头儿"和"老头子"。

（5）新词、旧词和古今通用词

按历史属性，词可分为新词、旧词和古今通用词。

为了适应社会生活需要，在词汇体系中新出现的词都是新词，新词是利用原有的语素新创造出来的词。随着新事物、新观念的出现，标记这些新事物的词也就产生了，如快餐店、美食城以及英语中的AIDS等。新词产生的途径很多，如新事物产生、人们观念的变化、词义的演变、短语的凝固和简缩、吸收外来词都可能产生新词。新造词与词派生出新义性质不同。例如，"红娘"，本是《西厢记》中崔莺莺的侍女，用做媒人的代称，近年来常指帮助两个单位建立协作关系的媒介。这是旧词新义，不是新造词。

第六章 "互联网+"时代下大学英语自主学习能力培育的内容创新

旧词是指在某一历史阶段曾存在过，后来逐渐消亡，只保存在文献中或偶尔被用于某种特定文体中的词。每一个历史阶段随着社会生活的变化，都会有一些旧词消亡。引起旧词消亡的原因是多方面的。所代表的旧事物消亡了，这些词也跟着消亡了；事物名称改变了，原来那些词只在成语里保留着；社会交际需求的改变以及语言中词汇的规范也会引起词的消亡。

古今通用词是一直被使用的那些词。古今通用词是指一种民族语言从古代、近代词汇中流传下来而为现代词汇所承接的词。简单地说，就是历史沿用的词。在一种语言的词汇中古今通用词应该占据大多数，古今通用词是一种语言词汇中的最核心的部分。

（6）全民词和非全民词

按通行地域或使用范围不同，词可以分为全民词和非全民词。

全民词是普通话或标准语的词，不受地域、行业和集团的限制，在全民中通行无阻，可以在不同的地区、不同的行业、不同的阶层、不同年龄、不同性别的人群中使用。比如，现代汉语普通话中的词汇是现代汉民族全体使用的词汇，不同地区、不同行业、不同阶层、不同年龄、不同性别的汉族人使用这些词交流，彼此可以明白地表情达意，没有障碍。

非全民词包括地域方言词和社会方言词。地域方言词是流行于个别地区的词，现代汉语有七大方言区，方言区下还有方言点，不同的方言中都有一些独有的方言词。如"俺"就是济南方言词，"瘪三"是吴方言词，"里手"是湘方言词。社会方言词是流行于不同社会行业和集团中的词语，社会方言有年龄变体、性别变体、行业变体、阶层变体等。如："处方"是医疗系统常用的词，"氧化"是化学学科中常用的词等。地域方言词是丰富普通话词汇的源泉之一，社会方言在一定程度上也有丰富普通话词汇的作用。

（7）常用词和非常用词

按使用频率，词可分为常用词和非常用词。

在语言中使用频率高的词为常用词，出现频率低的词为非常用词。使用频繁即词频。词语的使用频率不是主观臆造的，而是经过一定的量化标准进行科学统计的结果。常用词是根据以下标准确定的。

词次，就是在较大的使用范围（百万字以上）中该词出现的次数。

频率，该词在这个范围中出现的次数占全部语料总词次的百分比。

分布，该词在什么语体什么言语作品中出现。

使用度，把词次与分布范围结合在一起，按一定公式计算出的使用指数。

这中间第一和第四这两个标准最重要。

（二）语法知识

1.句法关系

句子可以呈现为词的序列，而语法关心的是句子的结构分析和规则模式分析。如果把词作为基本的语法单位，我们就可以说语法的核心是处理语言的句子中词与词之间固化了的相互关系以及如何系统地分析和描述它们之间的关系。这就是句法学的传统研究领域，我们甚至有理由称此种意义上的句法是语法中最重要的部分。每种语言中的词形变体数量各异。拉丁语、古希腊语和梵语拥有大量的词形变化，阿拉伯语和许多美洲印第安语也是如此。英语中则少得多，像汉语和其他一些东南亚语言则很少或几乎没有词形变体。遗憾的是，人们普遍把语法混同于形态学，这就导致我们至今仍时有耳闻的谬论"英语语法比拉丁语少"，"汉语没有语法"。如果一种语言没有语法，句子中的词语没有系统的顺序，那么本族人和外国人都不可能学会它，操这种语言的两个人也不可能相互了解。实际上，没有语法的语言在术语上就是矛盾的。

比较不同类型的语言就会发现：形态学和句法学在支配句子形式和类型方面所具有的相对的重要性因语言而异，形态学的词形变体的作用可以非常有限甚至不起任何作用，但是句法分类和句子中的词序却是每种语言语法中的基本内容。

英语句子中可以有the men eat之类型，但没有men the eat，这一事实揭示了句法的一个重要基础，那就是，词语即使在搭配恰当的时候也不能按任意顺序排列。除了语法的可接受性和可理解性，句子的整体意义也可能在某种程度上只依赖词序。

句法关系基本上是一些很简单的关系，可以分为三类：位置（positional）关系，同现（co-occurrence）关系以及可替换（substitutability）

第六章 "互联网+"时代下大学英语自主学习能力培育的内容创新

关系。

（1）位置关系

位置关系如句子的词序一样呈显性，可以观察到；另外两种关系则呈隐性，单凭观察句子不能揭示它们，而是要通过互相比较一系列的句子序列。例如：

词汇：old, wolf, killed, man, the, an/a 的可能组成如下几种句子。

A wolf killed an old man.

The old man killed a wolf.

An old wolf killed the man.

但是，如果组合成下面这两句，就是逻辑不通的。

A the old man wolf killed

Old killed man wolf the a

显然，上面两句话仅仅是把词进行了堆砌，并未按照正确的语序进行排列，因此是不合逻辑的句子。

（2）同现关系

人们所说的同现关系，是指不同词类的词允许或要求另一词类的词出现，以构成句子或句子的特定成分。因此，英语中man, horse等一类的词在短句中可以后接eat, live一类的词，而且经常是如此后接的，尽管说所有合格的句子一定都是这种类型的是荒谬的。答问句常常可以是其他类型的，许多语言中相当多的独词句就是答问句。man, horse等一类词前可以是good, strong等一类词，也可有the和a。但是the和a如果要置于eat, breathe, live类的词语前，就要求一个man类或good类的词语共现。我们在这里立刻就可以看到成分的位置序列起了作用；the的出现既以good等或horse等为前提（the good are honoured, the horse eats），又必须出现在固定的相关位置上。如果要全部置于eats, works等前面构成一个完整的句子或作为完整句的第一部分，那么the strong horse就是三个词唯一允许的词序。下面请看图6-1。

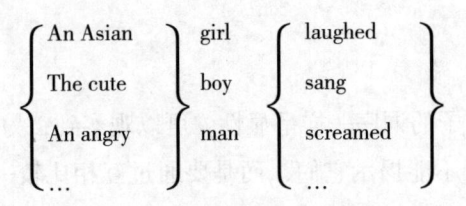

$$\begin{Bmatrix} \text{An Asian} \\ \text{The cute} \\ \text{An angry} \\ \dots \end{Bmatrix} \begin{Bmatrix} \text{girl} \\ \text{boy} \\ \text{man} \end{Bmatrix} \begin{Bmatrix} \text{laughed} \\ \text{sang} \\ \text{screamed} \\ \dots \end{Bmatrix}$$

图6-1 同现关系示例图

图6-1中前面的修饰词语与后面的动词短语之间属于一种同现关系。

（3）可替换关系

相同的句子结构在语法上有可以相互替换的词类或词的集合；但除此之外，多于一个词的词组无论它在句子中相邻还是分开，都可以作为整体在语法上被替换为一个特定词集中的一个词。在英语man lives，man wants little等句子中，词组the man可以替换man，但不能替换the；strong man可以替换the man drank it all等中的man。在yesterday he came中，came可用以替换yesterday... came，但yesterday则不能如此替换（he came是句子，但yesterday he不是）。下面请看图6-2与图6-3.

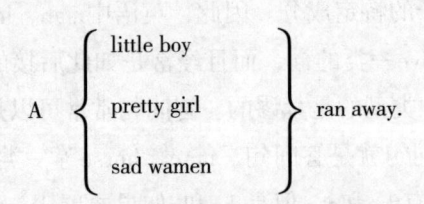

$$A \begin{Bmatrix} \text{little boy} \\ \text{pretty girl} \\ \text{sad wamen} \end{Bmatrix} \text{ran away.}$$

图6-2 纵聚合关系示例图一

$$\text{He called} \begin{Bmatrix} \text{yesterday.} \\ \text{lastnight.} \\ \text{a week before.} \end{Bmatrix}$$

图6-3 纵聚合关系示例图二

2.句法结构

（1）句法结构的内涵

句法结构是指句法单位与句法单位之间相互联系、相互作用的方式。相同的句法单位按不同的方式联系起来，所形成的语言片段的意义就会不同。例如，"高个子"和"个子高"的意义不一样，就是因为前者"高"和"个子"以修饰和被修饰的方式相互联系的，后者却是以话题和陈述的方式相互联系的。句法结构就是这种方式本身，因而它只是一种抽象的关系式而已。

一个句法结构通常被称为一个结构体。结构体包括若干结构成分（又称结构项）和成分间的结构关系，如主谓结构由主语和谓语两个结构成分组成，成分之间的关系是主谓关系。任何结构体都有结构性和功能性的特点，结构性指结构体一定由若干结构成分组成；功能性指结构体也可以作为结构成分再与其他结构成分组成更大的结构体。"个子高"的结构性表现为它由两个结构成分"高"和"个子"组成，功能性表现为它还能作为结构成分与"喜欢"组成更大的结构体"喜欢高个子"。

（2）句法结构的分类

基本的句法结构类型有如下几种。

①主谓结构。它有主语和谓语两个结构成分，结构成分之间有话题与陈述的关系，所以又叫陈述结构。例如：

He slept.

他睡了。

②述宾结构。这种结构有述语和宾语两个结构成分，成分之间有支配和被支配的关系，所以又称支配结构。例如：

To repair the car.

修理汽车。

一个述语有时还可以带两个宾语，这样，一个述宾结构就有三个结构成分了。例如：

Gave me some pictures.

给我一些照片。

③偏正结构。它有偏与正两个结构成分。正的部分叫中心语，当中心语由名词充当时，偏的部分叫定语。例如：

red flag 红旗

当中心语由动词、形容词充当时，正的部分叫中心语，偏的部分叫状语。例如：

come again 再来

④述补结构。述补结构由述语、补语两个结构成分。成分之间有补充说明和被补充说明的关系，补语出现在述语的后边，带有补充修饰的意味。例如：

They painted the house a hideous shade of green.

他们把房子漆成了可怕的绿色。

⑤联合结构。联合结构有两个或两个以上的结构成分，成分之间有并列在一起的关系，所以又叫并列结构。联合结构无论有多少个结构成分，整个结构的语法功能等同于其中一个成分的功能。例如：

boys and girls 男孩和女孩

（3）句法结构的案例解析

句法规则决定句子的语序是否正确。我们知道英语的冠词如the或a位于名词如animal（动物）之前，而句子则不只是将单词像串珠珠似的前后相连而已。例如，synthetic buffalo hides所示，句子中的词可以分为两个或更多的词组，每一词组内部又可以进一步分为小词组等，直到只剩下单个的词为止。例如：

The child found the puppy.

孩子找到了小狗。

这个句子由两个主要的词组构成，或称组成成分：

The child　　found the puppy.

（孩子）　　（找到了小狗）

与句子的"主语"和"谓语"相对应。这些词组可以进一步切分直到原句成分像下面图6-4所示的那样。

这样的图解叫做成分结构树，这是一棵倒长的"树"，"根"在上，"叶"在下，在树的"分枝"处的每一节点上，有一组词形成句子的一个部分或称结构成分；树的底部是单个的词或语素。除了揭示线性次序，成分结构树还具有层次结构。这一术语的意思是，组成结构成分的词组或小词组由它们在

第六章 "互联网+"时代下大学英语自主学习能力培育的内容创新

树上所出现的层次来表示。

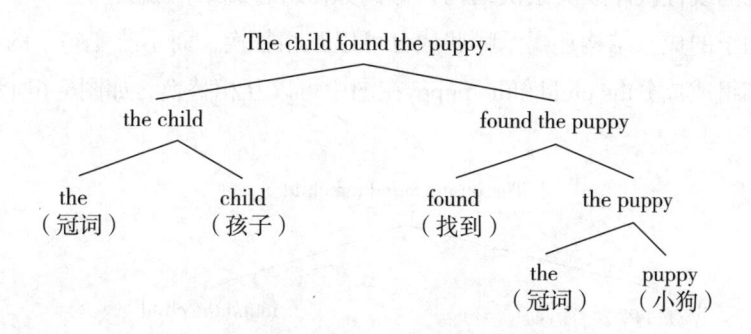

图6-4 "The child found the puppy."的结构树[①]

这一图解表明found the puppy这一短语自然地分为found和the puppy两个部分。不同的切分，如found the和puppy则构成"不自然"的词组，因而就不是组成成分。请注意，对于"What did you find?"（你找到了什么？）的回答可以是the puppy，但没有一种潜在问句的回答可以是"found the"。这一测试表明the puppy是一个结构成分，而found the则不是。

synthetic buffalo hides这一短语具有两种可能的成分结构树，每一株树表示一种可能的意义，因此成分结构能清楚地解释为什么该短语是歧义的，如图6-5所示。

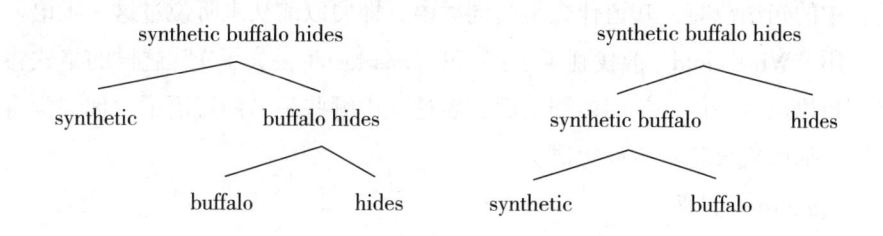

图6-5 synthetic buffalo hides的两种结构树

[①] 维多利亚·弗罗姆金，罗伯特·罗德曼著；沈家煊，周晓康，朱晓农，蔡文兰译. 语言导论[M]. 北京：北京语言学院出版社，1994：189.

所有语言中的句子都可以用成分结构树来表达，所有语言都有句法规则决定词的线性次序及其层次结构，即词如何组合成结构成分。

句子的成分结构还揭示哪些成分可以互相替换，而不改变句子的合语法性，如组成成分the child和the puppy在图中可以互相替换，如图6-6所示。

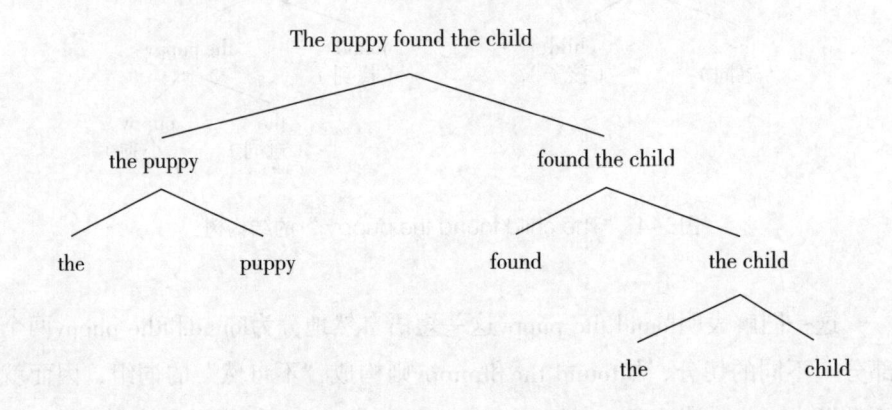

```
                The puppy found the child
                    /           \
              the puppy      found the child
               /    \          /      \
             the   puppy    found   the child
                                     /    \
                                   the   child
```

图6-6 "The puppy found the child."的结构树

可以互相替换而不改变合语法性的组成成分属于同一句法范畴，the child和the puppy同属于名词词组（NP）这一句法范畴。名词短语很容易辨认，因为它们能在句子中作"主语"或"宾语"，也只有名词短语可以作主语和宾语，名词短语一般包括一个名词或代词。句法知识的一部分就是知道语言中的句法范畴，知道什么是名词短语，即便以前从未听说过这一术语。

用"Who found（谁找到了）?"和"was lost（丢失了）"这样的格式将名词短语插入空位，就能辨别下面的表达式中哪些是名词短语了，你"觉得对"的那些成分就是名词短语。

①a bird 一只鸟
②the red banjo 红的班卓琴
③have a nice day 过得愉快
④with a balloon 带一个气球
⑤the woman who was laughing 在笑的女人
⑥it 它

⑦John 约翰

⑧run 跑

我们预料你会把①②⑤⑥⑦看作名词短语

还有些其他的句法范畴。found the puppy这一短语是动词短语（VP），动词短语总是包含一个动词，后面可以跟随其他成分，如名词短语。一种句法范畴可能包含其他句法范畴。可以用"The child"这一框架来确定下面这些句子中哪些是动词短语。

①saw a duck 看见一只鸭子

②a bird 一只鸟

③slept 睡觉了

④smart 伶俐的

⑤is smart 是伶俐的

⑥found the cake 找到了那块饼

⑦found the cake in the cupboard 在碗柜里找到了那块饼

①③⑤⑥和⑦是动词短语。

二、"互联网+"时代下大学英语词汇与语法自主学习能力的提升

（一）大学英语词汇自主学习能力提升策略

1.使学生在语境中掌握词汇的具体用法

在词汇学习中，将其放在具体语境中，往往能起到事半功倍的效果。在英语语料库中，有大量和语境相关的实例，具体的实例主要是通过数据的方式呈现在学生面前。在语境中，学生的注意力能够被有效吸引，使学习的词汇知识得到强化，同时也能对相关使用规律进行总结。

2.对近义词以及同义词进行检索

由于英语是一门非母语学科，因此学生在学习近义词的过程中存在较大难度。而语料库在高校英语词汇教学中的使用，能够使学生在检索过程中，获得相应的参考，然后在此基础之上进行大量细致的分析，例如 destroy 和 damage 是两个近义词，那么在实际教学中，就可以在检索栏中将这两个单词输入进去，然后学生会在实际阅读中进行具体分析。

（二）大学英语语法自主学习能力提升策略

1.拓宽师生互动渠道，确保语法教学效果

制作视频微课是翻转课堂语法教学的前提，后期的检查、实施和监督是更加重要的部分，因此师生之间应保持多维互动。首先，教师要指导学生观看视频微课，并对学生的学习内容和时间进行计划，把握学生学习的进度；其次，教师要利用社交软件建立QQ群和微信群等，加强与学生线上线下的互动，对学生在自主学习中遇到的问题进行解答，促进师生和生生之间的讨论，实现英语语法知识的消化和吸收。

2.开展差异化教学辅导，促进学生自主学习

在翻转课堂教学模式下，教师要更新教学理念，改变传统的教学模式，主动融入和参与学生学习的各个环节，成为学生学习的指导者和监督者。由于不同学生之间存在巨大的差异，有着不同的基础水平和认知结构，因此教师需要采用不同的辅导方式来对不同层次的学生加以辅导，特别是对那些自律性不强的学生，更要采取有效方式来加以辅导，促进他们进行自主学习。

第二节 "互联网+"时代下大学英语听说学习能力的创新培育

一、大学英语听说教学知识分析

（一）听力教学

1.调节学生情绪，调动学生的积极性

在传统的听力课上，许多学生常常处于一种紧张状态，充满焦虑，缺乏自信，无法集中注意力，有的学生甚至一进语音室就开始感到这种心理压力，而一下课则如释重负。这样的心理状态直接导致学生的学习积极性受到抑制。因此，在听力教学中首先要解除学生心理上的负担，调整其心理状态，使其积极主动投入到听力学习中去。教师所面临的首要任务就是要营造轻松和谐的学习氛围，疏缓学生的听音焦虑，将学生对外语学习的情感因素和积极性充分调动起来。

无情感的被动学习，学生即使有良好的学习潜能，学习的积极性也不会被调动起来。对此，教师应根据不同的学生采取不同的方法调动其积极性，使他们在情绪上接受教师的引导与课型安排，并通过教师亲切的话语、鼓励的眼神、生动的体态语言、整洁得体的仪表，使学生产生信任感。

2.精听与泛听相结合

在听力训练中，既要能准确无误地听出某些重要的数据、年代、人名、地名及事实，又要兼顾把握大意的训练，这就要求精听和泛听相结合，交替练习。精听练习不仅能够提高听力水平，还能够极大地促进词汇和语法学习。精听时，对听力材料中的音素、单词、句子、段落、意群要逐个精听、细听、反复地听；在精听的过程中，要注意抓住数字、地名、方向、人名、日期、年龄等关键信息；在听的同时，可用缩写或自己明白的符号记录有关信息。泛听主要是抓大意，不要纠缠于细节。一个词，一个短语，甚至一个句子听不懂没关系，只要不影响对整体文章的理解，能了解内容的大意即可。在泛听训练过程中，学生的积极性很高，这不仅开阔了视野，还扩大了词汇量。

（二）口语教学

1.大学英语口语课型的特点

随着大学英语教学的发展进程，一些大学根据社会发展和转型的需要，将大学英语的课型细致划分，口语课型就是其产物之一。在这些大学里，"说"已经作为一个独立课型出现，重点培养学生说的能力。进入21世纪以来，适应大学英语"第二次革命"要求，发生了"三个转变"，即教学思想的转变、教学模式的转变和评估方法的转变。在这三个转变中，都对学生"听"与"说"的能力尤其是"说"的培养给予了非常充分的重视。在教学思想的转变中，要求以"读"为主转变为以"听说"为主；在教学模式的转变中要求充分利用科学先进技术，围绕"听说"搭建教学互动平台，建立学生自主学习体系。此外，与之相配套的教材依托先进科学技术，与网络配套，突出自主互动地培养学生听说能力，在评估方法的转变中，一系列的举措相继出台，也将彻底改变全国大学英语统考的模式，其中在测试中增加听力的权重，降低了参加全国大学英语口试测试的最低分数线。至此，大学英语教学已经在教学理念、教学模式和评估方法三个方面给"说"开辟了一条康庄大道，专门培养学生"说"的能力的口语课型纷纷建立，关于"说"的课程体系已见雏形。

需要注意的是，大学英语的"第二次革命"是一次翻天覆地的变革，涉及的情况比较复杂。大学英语面向的是非英语专业的大学生，学生的精力有限，学习目标和结果也各异。此外，大学课程体系中大学英语的课时也非常有限，而且，各个大学的财政状况不同，并不都能保证充足的建设投入。再者，上述三个转变对大学英语教师的业务能力提出了更高的要求，而长期以来大学英语师资队伍建设投资少、不受重视，也成为阻碍全面开展对学生"说"的技能训练与培养的瓶颈。正是由于上述原因，在三个转变指导下的

第六章 "互联网+"时代下大学英语自主学习能力培育的内容创新

大学英语教学仅在某些大学进行了试点。

除了一些试点院校和个别院校开设了听说分离的课程，目前大多数大学的英语课程中仅有听力课。在这样的背景下全面探讨大学英语"说"的技能培养显然是不现实的，全面总结相关教学经验和理论也为时过早。

2.口语教学的模式

我们经过摸索、探讨以及教学实践，总结了以下几种口语教学模式的利弊，可供教学借鉴和参考。

（1）口语课模式

教学计划中开设专门的口语课。课堂上通过"教师讲解—示范—教师指导学生操练—以学生为主运用所学内容自由进行口头交际"这一基本程序展开教学活动。此模式的优点是能够比较集中、系统地进行口语教学；问题在于英语教学的较少的课时、过多的学生人数以及师资紧缺等客观实际在相当长的一段时间内无法保证开设口语课。一些学校虽然设法开设了听力课，但在实际教学中由于上述原因还是以听力训练为主，无法完成由听向说的转化。

（2）课堂教学模式

结合综合英语教材中所设计的听说教学和训练内容，努力实行课堂英语教学的交际化，将口语教学内容和活动贯穿于日常课堂教学中。此模式的优点是结合主教材练习口语，与读、写、译等其他语言技能的教学相辅相成，符合语言教学规律，在无法专门开设口语课的情况下此模式从理论上讲是较为可取的。但在具体实施过程中仍然会由于课时、学生人数、学生水平参差不齐等原因而使其可行性受到很大影响，多数情况下不能顺利实施下去。教师在处理口语部分的教学内容时往往都是心有余而力不足。这是口语教学目前面临的最突出的无奈局面。

（3）课内外综合模式

根据学生自身的学习特点和优势，把英语课堂口语教学与课外学生自主口语训练结合起来。此模式的优点在于能够充分利用和发挥学员学习目的性明确、学习动力强、自觉性强、自学能力强的优势，可以弥补课堂时间紧这一不足。但问题是实施此模式对教师的要求较高，需要教师对整个教学过程能够进行宏观的把握，并且要有非常细致的教学设计方案、系统的教学管理机制，需要教师付出大量时间和精力。综合各方面的因素，笔者认为课内外综合模式是当前我国英语口语教学的首选模式。

3.说的能力提升策略

（1）"说"与"听"要密切结合

按照语言规律，在日常交际中，人们的交际首先是不断地聆听与表达。聆听与表达是输入和输出的关系，听属于输入，说属于输出。语言的输出是以输入为前提的，而输出则是对语言输入的有效检测，丰富准确的语言输入是确保高质量语言输出的必要条件。因此，输入输出是听说技能在现实交际中的直接反映，是实现交际成功必不可少的两个方面，二者密切相关，缺一不可，我们不能主观地将两者孤立起来。

虽然大学英语口语课型目前仍处在试验期，但是对大学生口语能力培养的讨论却进行得如火如荼。大家的共识是：大学生英语口语能力在教学体系中应得到充分的重视。这是大学英语改良思潮作用下的结果。说它是"改良"是因为它没有像大学英语"第二次革命"那样彻底地对改变大学英语被动局面做出全新的设想，而仅仅在已有大学英语课程模式的基础上，在教材编写方面将"听力教程"改良为"听说教程"。客观地讲，这样的思路是一个大的进步，但是大学英语课程设置课时很少，平均一周一节。在这样短的课时内，教师要很好地进行听说技能培养难度很大，加之现在的教材越编越厚，内容越编越多，更增加了课堂处理的难度，结果在课堂上，学生听完听力材料后时间已经所剩无几，来不及进行口语技能训练，教师迫于无奈还是将听说课当成听力课来上了。现实情况表明，这样的课程设置对口语技能的培养重视不够，给学生提供开口说的机会很少；实际将"说"与"听"剥离开来，仅留下了机械与单调听力技能培养，严重影响了学生交际能力的培养提高。

尽管口语课型尚未普及，但是现有听力课型实际上已经融入了对"说"的培养。在教学实践中，我们应坚持语言教学规律，尽力合理运用课时，给"说"留出一定时间，充分利用先进的技术设备，采用多媒体提高课堂效率，使"说"与"听"密切结合起来。

大学英语教学的最终目的是培养学生的交际能力，而交际能力最主要的体现就是学生听说结合的综合能力。因此，听力作为一门以语言输入为主的课程，口语作为一门以语言输出为主的课程，二者应并行，相辅相成，共同促进输入输出的完成，实现交际的最终目的。

总之，大学英语教师应当在教学实践中把听说结合起来，借助先进的现代化多媒体教学手段，在课堂上实现听与说的密切结合。

（2）重视培养"说"的课外环节

大学英语课时有限，而课外的学习时间是无限的。大学英语教师应力图将课堂上有限的时间延伸到学生无限的课后自学中去。这条教学规律对于任何学科的教学都是必需的，不过大学英语的特点使之显得格外重要。教师的课堂教学犹如"画龙"，"点睛"还要由学生自己在课外来完成，仅凭课堂有限的课时是不可能学好英语听说的。作为学生，要想真正提高听说能力，除了重视课堂，还必须加强课后有关听说的练习，养成课后自学英语的好习惯。如参加英语角口语会话活动，积极参加口语竞赛以及通过各种渠道广泛听各种听力材料等。主动为自己创造一个良好的口语与听力环境，巩固课堂上实践过的内容，进一步提高自己的听说能力。

二、"互联网+"时代下大学英语听说自主学习能力的提升

（一）多媒体辅助听说学习的模式

就听力理解的过程而言，听的模式大致可以分为三种形式：自下而上的模式、自上而下的模式和相互作用的模式。第三代语言学习系统所构建的教学模式，在以上三种形式上，又增加了个别化学习模式、协作学习模式、课堂教学模式、网络学习模式、虚拟仿真训练模式、人机智能化学习等。

以网络为基础的学习。各种网络为学习者提供了更多的可能和机遇。如，由于在国际互联网上能够迅速获得信息，这就鼓励了学生去寻找他们感兴趣的东西。例如：

Internet Talk Radio The Space Stay——This site has lots of stories in the .au format. These files take a while to download on slower modems, but there is sane worthwhile interesting information. If your students are interested in space and NASA, this is a great source of listening materials.

Clinton, s Saturday Radio Addresses Archive——Just what it says. These files are also in the .au format. Are your students interested in American politics and national issues?

Family Health Audio Index——This site has lots of health-related audio files. Many of the files are in the .au format, but they are slowly converting them to Real Audio streaming audio.

Audio On-Demand——A RealAudio site. Listen to radio news programs from around the world, in English and other languages.

Online News Hour: RealAudio files——Real Audio programs from PBS. Stories include transcripts and pictures.

Welcome to NPR——My favorite site. These programs are excellent sources for a variety of interesting topics. Archives and current shows of All Things Considered and McMinn Edition, as well as many others.

我们可以利用Internet迅速寻找到最新的新闻报道，放入Real Hayer，就可以即时得到最新新闻报道的图文并茂和纯正的播音：

这是美国CNN.com的网页，点击热键便可以同时视听CNN当天的新闻。在中间的方框内还可以看到动态的图像。这有利学生获得最新的新闻，也有利于英语听说教学。

通过虚拟交流学习。各种网络通过计算机之间的交流，为学习者开辟了另一重要的领域。在英国开放大学，如果学生自己弄不懂某一篇课文，或无法解答某一道题，他可以通过计算机向"所有的人"发出求助，所有问题在不到8小时内都能得到回答。学习者可以通过自己的需要，通过Email主动与他们的学习伙伴、指导教师等相互交流、讨论学习中的问题。此外，他们也可以主动采取行动，同"公告栏"进行学习。

（二）多媒体辅助听说学习的策略

我们所说的听说教学策略其实质是指教学原则，虽说策略与原则是有一定区别的，但我们认为它们并不相互排斥，策略是原则的宏观调控，是原则的具体表现形式。

布朗和帕林萨就听力教学提出分三个层次进行策略训练：（1）盲目的（学生做一种需要某种策略的练习，但不指明该策略及其价值，也不讨论）；（2）有意识的（学生被告知策略及其用处）；（3）控制的（学生被提供机会比较和评价他们使用不同的策略的情况）。

朗的研究表明说话者交流的变动，如绘画控制、扩展、重复和说明，要比没有听话者参与所作的改动更促进听力理解。

皮卡指出，当焦急一方向另一方传出信息不清楚的信号后，协商就开始了。在这一过程中包含：（1）双方使对方注意个别影响理解某一信息意义的词或句子（认知过程）；（2）双方通过重复和重新组合或部分话语加以回应（语言过程）。

在"说"的教学研究中，杰米·汉纳在他的 Engage-Activate-Study 的教学方法中提出三步法，并介绍了四种口语活动。他认为教师通常应该认真地观察倾听，而不要急于纠正学生的错误，打断他们的表达，而应当在学生表述完之后，再给学生反馈。他指出口语活动非常典型地遵循了同样的模式，这种方法有利于指导口语教学。

这些策略中的一个明显的研究就是突出语言理解与认知过程相结合。这是一种更深层次的研究。但我国的听说教学长期处于"单一的教学目的""单一的教学方式"。听力教学与"说"的口语教学和"视听"教学似乎没有系统性。基于多媒体技术下的听说教学还缺乏系统研究。

多媒体辅助外语听说教学在借鉴上述策略与原则的基础上，还应当注意强调听说结合的策略、听说同时并举策略、课堂教学与课后持续并举策略、知识与技能并举策略、学生自主学习视听策略、获取信息策略、网络交谈策略、个别化与协作学习策略、跨文化意识与相容原则、听说活动后续的评价原则等。

（三）多媒体辅助听说学习的应用技巧

1. 多媒体辅助听说教学的实例

《走遍美国》（Family Album USA）的教学片采用26集连续剧的形式，展示了美国寻常百姓生活的方方面面。这套光盘的特点是：英文录像，双语字幕，随时音标查询；人机对话，显示声音波行，真正练就纯正英语；选择人物扮演，身临其境，如老外对话；大量练习及答案、巩固学习，并有文化背景介绍。该教学片的语言是真正的会话语体，地道自然。完全取材于平凡的生活。同时经过加工，生动而准确的语言再衬以对话的环境、现场，说话人的表情、手势、姿态等，便产生了一种身临其境的效果，创设了一种真实语境。这是一套集知识性、趣味性于一体的教材。它把语法教学巧妙地结合在"学习要点"（focus in）一节中，用歌谣、说唱、卡通游戏等方式，使原本枯燥无味的语法学习变得生动活泼而又有趣。

目前它是国内最为推崇的一套多媒体教学软件。它采用较先进的多媒体技术，集中影像、图形、声效及动画等多媒体的特征，使听说英语教学更为直观、生动、形象，较大限度地提高了学习效率，刺激了学习者的积极性，是一套适合于不同英语程度学习的听说多媒体教材。

2. 情景化学习实例介绍

CTGV小组开发的锚链式学习环境"杰斯珀探险"系列，则是典型的计算机支持的情景化学习环境系统,也是以主人公及其朋友的一系列探险活动为故事线索,但是在类似于海尔兄弟的探险故事基础上又有了质的发展,实际上是将电视与计算机这两种媒体相结合,由视频媒体叙述杰斯珀及其朋友的探险活动,从而提供故事情景。在此基础上,学生能够利用计算机介入并参与其中的探险,对其中产生的问题提出自己的解决方案,进行发现式学习和积极的问题求解。更可贵的是,故事的发展,是由学生对问题的解决所决定的,不同的解决方法,将产生不同的故事结果。

3.自主听说学习

课前在电脑上下载有关听说学习资料,如LRA(Read Audio),学生可以根据学习的需要去欣赏音乐、参与谈论、听演说和采访等。

这类教学实例很多,限于篇幅,我们只能简单扼要介绍。

第三节 "互联网+"时代下大学英语读写译学习能力的创新培育

一、大学英语读写译知识分析

(一)阅读知识

阅读能力是在阅读实践中形成和发展起来的,它是一个十分复杂的结构系统。近年来,中外研究者一般认为,认读能力、理解能力、鉴赏能力、活用能力等是构成阅读能力的重要组成成分。

1.认读能力

认读能力就是学生对书面语言准确而快速的感知能力，具体指认知字形、认读字音、初步了解文字意义所表现出来的心理特征。认读能力主要表现在五个方面。

（1）具有一定的识字量

能阅读一般的报纸、杂志、科技读物和文学作品，满足日常学习、工作、生活的需要。

（2）视读广度

视读广度越大则知觉单元越大，理解越完整，阅读能力越强。心理学研究表明，学生视读广度随着年龄增长而逐渐增大。

（3）感知的选择性

它是指感知文字符号时，学生总是随着自己的思路，依据先前的信息预测后继的信息，并从冗长的文字符号中选择最精炼、最需要的语言讯号重组意义，不断证实和修正自己的预测结果。

（4）敏锐的语感

它是指学生迅速而有效地感知表层文字与深层内容的联系和统一。人的大脑和感官在接受语言文字信息时，是否能迅速地做出反应，在很大程度上取决于这种感知能力的强弱。

（5）感知的精确性

它是指学生在阅读时能够正确辨认输入感觉器官的言语符号和它们之间的组合关系，并准确地将这些符号化为语义加以吸收。

2.理解能力

理解能力是指学生感知的书面语言符号经过大脑一系列分析综合、比较、抽象概括等复杂的思维活动，正确而敏捷地认识文章本质意义的能力。理解能力有复杂的结构，主要包括六个方面的要求。

（1）理解词语的能力。

（2）理解语言构造（句、段、篇章）的能力。

（3）理解修辞格的能力。

（4）理解表达方法的能力。

第六章 "互联网+"时代下大学英语自主学习能力培育的内容创新

（5）领会文章主题思想和社会价值的能力。
（6）联想和想象力。

3.鉴赏能力

阅读鉴赏能力是指人们运用正确的立场、观点和方法，对阅读材料的思想内容、表现形式、文章结构、艺术技巧、写作风格等方面进行鉴别、欣赏和评价的能力。鉴赏能力是阅读能力发展的最高阶段，它直接关系到阅读的质量和效果。

4.活用能力

活用能力是指在阅读过程中或在阅读一篇文章后利用已经掌握的知识去学习新知识的能力。活用能力的高低，对阅读效率和阅读质量影响极大。活用能力是阅读教学中要培养的终极目标之一，也是人人需要的终身能力之一。教师要在教学实践中十分重视活用能力的培养。

（二）写作知识

1.英语写作问题分析及解决方法

（1）措辞（diction）

措辞即对词的选择和使用。对于本科班的学生来说，他们大多在教学岗位从事工作达5至8年。只有从事英语教学或平时对英语仍感兴趣的部分学生还保留着部分英语词汇，但也远远没有达到能用英语比较自如地写和说的高度，更别提其他人了，所以写文章根本谈不上什么措辞。这就表示：迅速而有效地扩充词汇量是他们进行英语学习的首要任务，只有具备了一定量的词汇，才能保证措辞的正确。于是我们要求他们必须认真对待此事。但这并不是要求他们每天死记硬背，而是通过大量的阅读训练来解决这个问题，在阅读中理解词的基本意思、了解词的固定搭配以及不同的语体对用词的不同要求。在此基础上，再进行造句训练，从最基本的做起，为后面复合句的训练以及段落、文章的写作打下一定基础。

（2）句子表达形式及注意事项

措辞及修辞的正确与否只有在句中才能有所体现。句子有长有短、有难有易，在写作过程中，要极力避免通篇文章都用简单句，也要避免一味使用复合句或并列句，要努力做到并列句和复合句、短句和长句交错使用，使句子的表达形式不显得过分单调，既注意句型的多样性（variety），同时也要注意正确使用不同时态、语态等。无论使用何种句型，都要保证句子意思的完整性（unity）、表达的连贯性（coherence）和用词的简洁性（conciseness）。

2.英语写作教学的几点思考

（1）教师教法

从现有学生的实际水平来看，作为教师，首先要充分认识到不少学生的基础是比较差的。他们基本没有接受过具体和系统的英语写作训练，部分学生连起码的写作要求都知之甚少；同时在词汇、句子结构、段落扩展以及文章的选题等方面都存在很多问题，离教学要求距离甚远。此外，部分学生本人思想上不够重视，认为只要会用汉语写文章就行了（问题是他们中的很多人连汉语作文也写不好），所以课上的基本训练也只是不得已而为之，课后又不注意温习写作技巧，更不愿自觉练笔。在这种情况下，教师一方面要吃透书本内容，讲课时既以书本为依据，又不拘泥于书本，坚决改变一贯的唱独角戏和照本宣科的传统做法，注意用心寻找更合适的例子，并能结合学生特点，从生活中寻找素材，教法灵活；另一方面教师应耐心疏导，注意教学方法。

因为学生现有英语词汇有限，更主要的是因为他们大多来自农村中学，常年在教学第一线，繁重的教学任务迫使他们工作之余无暇顾及自身英语的进修和水平的提高，中师或专科阶段的训练又不全面，对他们来说，要在短时间内迅速提高英语水平困难很大。一句话，无论是年龄偏大的还是年龄小一点的，英语难学的阴影一直笼罩着他们，使他们中的部分人对英语写作敬而远之，所以教师应从心理上更多地了解他们，在语言上和他们有更多的沟通，在教学过程中尽可能地耐心些。另外，注意挑选一些生词少的句子和段落作范文，尤其是在他们刚接触英文写作时。

（2）学生学法

任何教学活动都是双边活动，也就是说要有教师和学生的共同参与，只有这样才能保证教学活动的顺利进行。学生有一定的参与意识，有一定的表达欲望，但由于本身水平有限，部分学生也会打退堂鼓。他们怕出错，怕在众人面前丢脸，于是，即使他们课前已作了一定的准备，但他们却没有足够的勇气把自己展现给大家，这是很致命的心理障碍。俗话说：万事开头难。勇敢地迈出第一步是很重要的。

那么如何才能迈出这第一步呢？首先是心理方面的准备。相信自己，有的问题是完全或部分能解决的，如英语写作，他们能表达一些观点，只是表达观点的句子在语法上还不够通顺，句意不够连贯；在方法和技巧方面还不够熟练，但这并不是他们的全部。经过一定的训练，相信他们以后定能取得长足的进步。这就需要教师的耐心帮助，但更多的是自己的努力。

其次就是要找到适合自己的学习方法。据我们的调查和个别交流，有相当一部分学生因为一时跟不上大学阶段的学习要求，不适应教师的教学方法，以及自身的现有水平而显得束手无策，不知该从哪儿下手，从哪儿进行补缺。他们也曾诚心诚意地向别人讨教，询问学习方法，但往往收获甚微，于是就放弃。这样，所有的努力只会前功尽弃。由此看来，学习的方法正确与否是学生取得进步的关键之一。

（三）翻译知识

翻译理论与实践相结合构成的一个重要领域就是翻译教学。在研究翻译的过程中，翻译教学是一个不可忽视的内容。要想提高翻译教学的水平，首先必须对翻译教学展开深入探究。对翻译教学实践发展起着决定性作用的就是对翻译教学理论的探究。因此，随着社会对翻译人才需求的大幅度增加，对于翻译教学的相关探究就显得极为重要。

但是，目前学界对翻译教学的内涵仍然存在较大争议。学者们对于翻译教学的范畴及翻译教学与教学翻译的区别并未达成共识。加拿大著名学者让·德利尔曾经对教学翻译（pedagogical translation）与翻译教学（pedagogy of translation）做过明确的区分。

让·德利尔指出："学校翻译也称'教学翻译',是为了学习某种语言或者在高水平中运用这种语言与深入了解这种语言的问题而采用的一种方法。学校翻译仅为一种教学方法。翻译教学追求目标与学校翻译目的的不同,翻译教学不是为了掌握语言结构与丰富语言知识,也不是为了提高外语的水平。纯正的翻译目的是要出翻译自身的成果,而教学翻译的目的仅是为了考核学校外语学习的成果。"

近些年的研究有了一些新的突破。罗选民认为,学者对教学翻译与翻译教学的阐述利于对概念的澄清,但翻译教学的概念要重新界定。翻译教学是由"大学翻译教学"与"专业翻译教学"组成的,将原来公认的教学翻译也纳入了翻译教学的范畴,其扩大了翻译教学的范围。

二、"互联网+"时代下大学英语读写译自主学习能力的提升

(一)多媒体辅助阅读外语教学的策略

多媒体辅助外语阅读教学还要注意的一个问题是:网络阅读后续活动。个别化或协作学习是网络阅读教学的一大特点。如果缺乏阅读后续活动与教学评价,很容易导致网络阅读的盲目性或任意性。网络阅读后续活动可以以多种多样的形式开展,如写出网站的名称,获取的信息,对信息的评价;教师则要检查学生提供的信息的准确性,并对这些信息作出评价等。

基于纸介的阅读原则同样适用于多媒体辅助外语阅读教学。如:巴雷特指出需要培养五种技巧:(1)理解字面的意义;(2)能理解材料要旨;(3)推理能力;(4)评价;(5)欣赏。Davis(1984)指出需要培养四种阅读技巧:(1)识别词义;(2)推理;(3)识别作者的技巧、写作意图和风格;(4)寻找有关答案。

如何选择阅读材料的真实性,这是多媒体辅助阅读教学中需要特别注意的问题。目前网上信息还缺乏法律的约束力,网上信息材料的真实与否不仅

第六章 "互联网+"时代下大学英语自主学习能力培育的内容创新

取决于阅读者，而且还取决于所访问的网站。要解决网上信息的真实性，这是一个长期的法律问题。当然，学习者也可以根据自己的兴趣、需要、文化背景、民族心理、道德观念、价值观念等来选择阅读的信息。

（二）多媒体辅助写作外语教学的策略

1.具体策略分析

目前，大多数的OWL网站的作用包括散发写作指导参考散页、提供新颖的交流方式、为学生提供一个发表习作的场所、提供科研的论题和辅助手段、引导人们浏览使用网络上写作参考资料等，一般通过电子信箱（e-mail）、文件服务器（ftp savers）、网络资源库（gqrfiCT serg）、讨论组（list serves）、网站（web sites）、实时网络交谈（real-time talk）和在线交谈（talk-gline）等策略来进行，如美国的普渡大学主办的http://owl.english.puiden.edu提供了130多种指导写作技巧的散页教材（handouts），并为学生提供研究问题的出发点和手段，推介网络资源等。在这些策略中，我们要注意写作教学的目的、任务的结合。除了利用信息技术培养学生的写作能力外，还必须培养学生如何利用Internet获取写作必要的参考资料。按照写作教学的任务，我们必须传授写作方面的三个模块：学术论文、实验报告写作；应用文写作；各种文体的写作模式。在网上我们可以让学生自主地去获取这些写作的模式、样例，并应鼓励学生在相关的电子论坛上发表自己的作品。

多媒体辅助写作教学是信息技术所构建的一种创新的教学模式，这种教学要求教师采取新的教学策略，以修正传统的写作策略。比如说，修改时要求学生增删和调整段落的内容，校对时要求学生交换磁盘，找出语法和打印的错误，打草稿时要求学生在选定的时间内打印出复件，等等。

多媒体辅助外语写作教学的前提是学生必须具有基本的编辑能力。这些能力包括：

Using the delete or backspace key to erase mistakes.

Pressing return at tbe end of a paragrah.

Holding down the shift key to get a cental letter or the characters displayed above the number and punctuation keys.

Using the space bar between words.

2.多媒体辅助写作教学中的应用技巧

多媒体辅助写作教学技巧涉及计算机基本操作、网络操作、教学语言技巧、课堂教学组织技巧等。由于篇幅的关系，我们从实用的角度出发，主要借鉴国外所介绍的一般技巧。

美国教育技术协会编写的《教育中的计算机》(1997)指出：如何教会学生更好地写作对于教师来说是一个严峻的挑战。学生需要学习交流的一些基本规则，教师应该鼓励他们正确地拼写单词和使用标点符号，同时也应培养他们的创造力。但这些努力却往往会遭到阻挠，原因就在于传统的写作和修改机制很容易令人气馁。

许多文字编辑系统都有"撤销"的功能，这通常可以按一个指定的键实现。这个功能可以鼓励学生积极尝试编辑和修改自己的文章。作者可以修改不满意的地方，查看修改的是否合适。如果觉得修改前的词句更好的话，就可以使用"撤销"功能迅速地改变回来。这就能使学习者从心理上愿意进行创造性的和探索性的思维。

老师千万不要把他自己的观点（不管是明确的还是不明确的）告诉他们的学生，否则编辑和修改就是在浪费时间，因为正是编辑与推敲的工作才使得这样的学习更有价值。这通常也正是最为沉闷的部分，同时也是最能表现文字编辑系统能力的地方。

当我们组织多媒体教学活动时，我们不仅要计划学生要干什么，而且要知道如何组织学生，学生需要什么样的资源。只要有可能，就让学生自己去进行文字输入。学生主动地学习与他从中获得学习的技巧有关。因此，每一个活动，我们都应当记住学生需要主动参与输入文字。当我们决定学生需要什么样的资源后，我们应当记住学生自己能找到他们所需要的资源。一旦问题提出，学生就知道他们需要什么样的资源来解答问题。当我们考虑多媒体辅助写作教学时，我们计划要学生运用文字编辑的教学内容。有时我们需要给予学生"范例"的指导，以便了解学生是否对教学任务明确，寻找的资源是否合适。我们在计划活动时，目的要明确，要反复思考文字编辑的作用，决定哪种形式对学生达到教学目的更有效。

听说读写各项能力间是相互制约的、相辅相成的。某一项能力的发展过分滞后，会影响到其他能力的进一步发展。为此，他们提出整体语言教学观，即在语言教学中强调听说读写能力的互相促进，和谐发展。所以，美国学生的写作教学是与读说教学同时起步的。我们从对其特点分析中还可以得到有益借鉴：重视从说到写的转化；注意读写的互相促进；强调写作的交际价值；各门学科共同关心培养学生的写作能力；强调教师写作的示范作用。

（三）多媒体辅助翻译外语教学的策略

1.制作个性化的翻译教学视频

在实施教学时，教师可以提前为学生制作视频，将教学内容进行模块化处理，每一个视频是围绕某一知识点展开的，如翻译理论、翻译技巧等。同时，在制作视频的时候，应该突出重难点，明确教学目标，为线上、线下教学做准备。此外，教师还需要考虑翻译教学的连贯性，为了实现整体的教学目标努力。

在课堂开始之前，教师制作视频，设置教学任务，并将其发布到网络平台上供学生阅读，教师通过让学生观看，对学生提出的问题加以汇总与解决。在课堂上，教师对视频中的技巧与理论加以梳理。组织学生进行协作学习，实现知识的真正内化。在课后，教师还可以组织学生撰写翻译笔记，从中了解学生是针对哪些问题存在疑惑的，进而对自己的教学方案加以调整。

2.利用多媒体展开翻译课堂教学，增加英语习得

在翻译教学中，教师可以利用与教材配套的多媒体光盘辅助教学，不过，由于各个学校的多媒体设备资源配置不同，而且教材所配套的光盘往往在内容上缺乏系统性，所以教师需要酌情使用。对此，最好的方法就是教师可以根据教材内容自己动手制作课件，然后利用多媒体播放。多媒体课件的制作过程相对烦琐，需要依据具体的教学过程、教学内容、教学目标、教学媒体等，只有将这众多条件融合在一起，并体现互动性原则，方能制作出优良的多媒体课件。当然，这样的课件对于学生翻译能力的提升也是大有裨益

的，不同层次的学生其自身的翻译能力都能得到不同程度的提升。

为此，在进行翻译教学活动之前，教师可以利用声音、图片、动画等教学辅助手段来刺激学生的学习兴趣，使学生在学习过程中始终保持较好的兴趣，将枯燥的翻译理论变得生动、有趣。针对具体的教学过程，教师在其中不仅要教授学生英汉互译的技巧，而且还需要补充中西方文化背景知识，让学生对翻译理论形成一定的系统。虽然教师在翻译教学过程中所使用的教学模式相对陈旧，但在内容与形式上与传统的翻译教学已经大不相同。这种不同主要体现在如下方面。

（1）形式上不再是单调的板书形式，而是以媒体形式呈现，节约了大量时间。

（2）内容上是针对不同层次的学生展开的，在课堂上由教师指导和学生自主选择，这有利于改善课堂教学的氛围。

第四节 "互联网+"时代下大学英语文化学习能力的创新培育

一、大学英语文化知识分析

（一）跨文化交际的影响因素

1.心理因素

心理因素指运动、变化着的心理过程，例如人的感觉、知觉和情绪等，它们往往被称为事物发展变化的"内因"。广义地讲，人的心理因素包括所有心理活动的运动、变化过程。具体来讲，人的心理因素主要有两种：积极心理因素与消极心理因素，它们是相互排斥的。积极的心理因素对跨文化交

第六章 "互联网+"时代下大学英语自主学习能力培育的内容创新

际起着促进作用。在当今经济全球化条件下,跨文化交际日益频繁,其本身的作用也日益重要。不同文化背景下的人们在交际中只有具备相应的心理意识,才能使得跨文化交际顺利进行。

消极的心理因素对跨文化交际具有阻碍作用。跨文化交际过程中,潜在的障碍主要来自交际团体和个体间的心理取向。定式、民族中心主义、偏见、寻求相似性、普遍性假设等因素都会影响交际的顺利进行。只有交际主体提高对文化差异的认识,以尊重、平等、开放、包容的心态进行交际,才能获得跨文化交际的成功。普遍性假设也是跨文化交际的阻碍性因素之一。有些人认为自己与另一文化的人们有很多相似性,并以自己怎样看待事物为基础,去假设自己也知道别人的思维方式。这种假设会导致沟通障碍,甚至引发冲突。

2.环境因素

跨文化交际研究的重点是文化差异,而文化的差异主要源于其所处的环境不同。环境包括因文化本身所造成的生理环境和心理环境、社会环境、自然环境以及具体的语言环境,环境因素对于跨文化交际的影响无处不在。

交际的物理环境对于交际的影响是非常明显的。人们在社会化的过程中学会了在什么样的场景下说什么样的话、怎么说、不说什么,等等。行为的场合具有一种约束力,人们对具体场合中什么是恰当的行为存在共识。在跨文化交际中,对于某一个具体环境,不同的文化会有不同的反应。如中国学生上课的教室环境要求与美国教室的要求完全不同。社会环境被人们所塑造,但是又反过来影响人们的生活方式、价值观、思维方式等,所以对跨文化交际来说也有至关重要的影响。

3.思维因素

语言是以特定的民族形式来表达思想的交际工具。思维通过语言来存在和交流,语言又与该民族的思维方式和水平相适应。不同的文化背景造成不同的思维方式,其理解方式也大相径庭,因而在跨文化交际中就存在或多或少的障碍。

美国学者罗伯特·卡普兰通过对来自不同文化的学生作文进行分析发现：英语的篇章组织和发展模式是直线型，而东方语言则是螺旋型。前者表达和理解直截了当，由A即可推出B；后者则拐弯抹角，借助于中转站C方可到达。就拒绝而言，前者直接一句"I'm sorry but..."便了事；后者却会罗列一堆理由，摆出许多联系并不紧密的缘由，但终究未将"不"说出口，得靠听者意会。具有特定语言思维轨迹的人，习惯用一种特定的方式理解事物、分析事物。因此，当西方人在用其固定的严密的逻辑思维推导汉语词句可能的意思时，思维方式障碍将不可避免地遇到，其主要表现在两个方面。

（1）用线性思维方式理解汉语词句的含义

所谓的"线型"思维，其主要特点是用一元一维直线思维处理各种问题，又称"直线思维方式"。多元问题一元化、复杂问题简单化；将问题的性质都看成非此即彼，凡事必须做出明确的"是""非"判断，非黑即白。这就难以避免主观性、绝对化和片面性。从某种程度上看，这是西方的严式逻辑推理思维过度强调精确的外化。例如中国人有时会说"你妈妈真年轻，就像你姐姐一样"。在我们看来这是明显的称赞对方母亲年轻的表示，而西方人则会认为这是显然地说自己看起来老于实际年龄。

（2）用主观性思维方式解释汉语词语的含义

主观性思维是使外部现实适应和服从自己头脑中的固有模式的思维习惯倾向。换言之，则是将外部事物强行融入自己的头脑模式，不管其正确与否。

例如"韬光养晦"一词，美国国防部对"韬光养晦"所用英文为"hide our capabilities and bide our time"，意即"掩盖自己的能力，等待时机东山再起"。此后数年美国政府均采用同样的英文表述。另外还有一些英文书籍或文章译为"hide one's ability and pretend to be weak"或"conceal one's true intention"或"hide one's ambitions and disguise its claws"。这些解读显然是没有正确地把握词语的真正含义。

诸如"韬光养晦"之类包含中国传统辩证思维的句词民谚，单纯用线性思维和主观思维是无法理解的。中西语言思维的差异致使对文本的理解有了沟壑。而线性思维方式与主观思维方式二者本无绝对区分。因此，当以线性思维看问题时就易陷入主观臆断当中;而主观思维反过来又促使线性思维直板、单一、片面的理解。对语言文化内涵的把握决不可只限于从它产生的文化背景中了解它的一般所指,更重要的还在于能够从产生它的特定文化背景中去把握它所负载的、超出一般所指的特殊意义。

(二)大学英语文化教学的现状

1.频繁的跨文化接触

随着人类社会的不断进步与发展,人类的生活向着更加开放的方向发展,不同国家、不同民族可能因为生存的需要,或者是因为偶然,彼此之间不断交往,并且这种交往变得更加频繁。因此,跨文化交际产生。如果人与人之间的交往是早期的交往形式,以民族化作为特征,那么国家之间的交往就具有国际化或者地域化的特征,从而逐渐转向全球化。随着当今科技的迅猛发展,不同国家与民族之间的交往更加频繁与紧密,这也成了民族兴旺发达的一项重要内容。因此,这也促进了从文化视角研究教学的可能性。

2.教学具有明显的功利性

基于传统教育体制与理念,我国的大学英语教学呈现了明显的功利性特色,即考试考什么,教学内容就教授什么。这种传统在初中、高中表现得极其明显。在实际的教学中,教师过分关注语言知识的传授,很少将文化知识纳入其中展开教学。

受这一思想的影响,无论是教师,还是学生,都将教学的目标看作通过考试,教师的教学主要是为了英语过级服务。当然不得不说,这有助于学生提升自身的应试技能,却让他们很难学习到文化背景知识。

二、"互联网+"时代下大学英语文化自主学习能力的提升

（一）为学生制作学习单

为了让学生运用自主学习模式，教师可以从具体的内容出发为学生设计学习单，帮助他们从教学大纲出发，开展自己的自主学习活动。在涉及学习单的时候，教师应该将学习内容、学习任务等列出来，学生在完成的过程中，要逐渐明确自己要学到什么，并发现了什么问题，从而实现知识的建构。

（二）要求学生进行课外自主学习活动

教师应该将教学内容进行分解，将制作好的视频发布到网络上，引导学生制订出符合自己实际的学习计划。学生一方面可以利用学校提供的平台进行自主学习，另一方面还可以选择学习任务与内容。在选择时，学生应该从自身的知识情况出发，不仅要保证与自身需求相符合，还要保证自身对新知识能够吸收，实现新旧知识的融合和内化。

（三）组织学生完成课内展示和谈论

学生完成了自主学习之后，教师在课堂上展开教学，当然不是教师主讲，而是教师指导、学生展示学习成果，学生之间、师生之间针对学习情况进行探讨与交流。显然，教师不再是教学的主体，而是充当了指导者的角色。与此同时，学生也能够积极参与其中，成为注重知识的建构者。

当然，课堂教学的形式也多种多样，一方面可以为学生提供展现自我的机会，分享自己对文化知识的掌握情况；另一方面也为学生提供了交流的平台，彼此探讨中西方文化，使他们真正地理解和接受不同文化之间的差异。

第七章 "互联网+"时代下大学英语自主学习能力培育与教师发展

教师作为大学英语教学系统中的重要组成要素,在信息化时代背景下要与时俱进,积极提升自身的信息素养,如此才可以在具体的教学过程中为学生渗透互联网技术支持下的学习能力,从而帮助学生全面提升知识运用能力。本章主要研究信息化时代大学英语自主学习能力培养与教师研究。

第一节 "互联网+"时代下定位大学英语教师的角色

一、学生学习的指导者和促进者

在新时代,学生的学习方式发生了改变,从传统的接受学习转向自主学习、探究学习，这就需要教师也转变自身的角色，从知识的传授者转向学生学习的指导者，这是教师角色转变的跨越。也就是说，过去教师仅作为知识传授者的身份，是知识的唯一拥有者；现在，学生可以从多个渠道获取知识，因此教师不再是单独的知识拥有者，这就要求他们转变角色来促进学生的学习，具体要做到如下几点。

第一，辅助学生对学习目标进行确定，并分析如何达成目标。

第二，辅助学生养成良好的学习习惯，对学习策略进行把握。

第三，为学生创设良好的学习环境，激发学生的学习动机与积极性。

第四，服务于学生的学习。

第五，为学生营造宽容、和谐的学习氛围。

第六，与学生一起探索真理，并承认自己存在的一些失误。

在新时代，随着科技的迅猛发展，知识增长的速度越来越快，学生在校期间学得的知识随着时间的推移很可能已经过时了，人们在大学阶段也不可能掌握所有的知识，因此需要不断进行学习，这就要求教师培养学生终身学习的能力，让他们学会自主学习。

二、课程的研制者

长久以来，我国教师在课程改革中充当执行者的角色。新时代的大学英语课程改革要求生成动态、开放的课程，并且以学生生活为中心，这样的课程就不仅仅是文本类课程，即包含教学大纲、教学计划等在内的课程，而且是一种体验类的课程，即教师与学生都需要进行体验。简单理解，新时代的大学英语课程不仅仅是知识的载体，还是师生共同探求知识的过程。教师与课程相结合，成为课程的研制者，教学也不仅仅是计划的执行者，而且是课程内容的生成者、转化者、意义建构者。在这种新的理念下，教师的创造空间逐渐扩大。

在课程研制中，教师主要承担如下几点任务。

第一，教育部门颁布的教学计划、课程标准往往比较抽象，是宏观层面的标准，因此不能直接进入课堂中，教师需要将这些教学计划、课程标准等具体化、细化才可以。

第二，学校承担着一定的课程开发责任，而在这之中，教师往往是主要的承担者。

第三，教师需要对课程进行评价，教学计划是否真正地实现了可靠性，是否与课程目标的要求相符，是否能够将学生的学习兴趣和积极性调动起来，都是教师作为课程研制者需要做的工作。

三、教育研究者

作为研究者，教师在具体的实践中遇到新问题之后，就需要对这些新的问题进行研究，从而找寻具体的答案。教师的教学研究可以使课程、教师、教学融合在一起。我国的大学英语教学改革要求对课程功能进行调整，对课程结构加以优化，对课程内容进行更新，对教学方式进行变革，对课程管理模式加以更换等。新时代的大学英语教学不仅改变了学生的学习生活，也改变了教师的生活。

在新时代，教师要对大学英语课程进行充分的接受与理解，并不断对其中的问题加以完善，这些都需要教师自己的主动探究，尤其是校本课程，更需要教师深入探究，这样才能真正地落到实处。

教师的教育研究还有助于推进教师的专业化发展，从而不断提升他们的素质与能力，提升教师的价值观与学习乐趣，从而使教师也真正成为有能力、有思想的实践主体。

教师主要在第一线工作，因此他们获得的资料也是鲜活的资料，教师的教育研究主要是在实践层面展开的，可以对教学内容加以丰富与充实。

四、信息资源的查询者和设计者

教学资源涉及教师、学生、教学媒介、教学内容等层面，是一个复杂的系统。要想提升教学的效果，就必须从教学设计原理出发，科学地设计教学资源与过程。在新时代背景下，教师应该学会运用互联网技术手段，为学生创设良好的学习情境，使自身从知识传授者的角色转向教学信息的制作、加工与处理的角色。为了让学生能够主动探索与建构意义，教师在教学中应该为学生提供各种学习资源，而要想设计这些信息资源，就需要教师自身的信息素养，即将技术与教学资源紧密融合。另外，教师还要学会制作教学课件，包括制作网络课件脚本，帮助教育技术人员制作课件，对教学信息进行浏览下载等，从而帮助学生展开自主学习。[①]

五、终身学习者

1960年，法国著名学者保罗·郎格朗提出终身教育理论，现在人们对这一理念已经达成共识，并成为现代的一种教育理念。在这一理念的引导下，要求每一个社会成员都应该不断锻炼自己成为一名终身学习者，当然其中也包含教师。这是因为，知识是无止境的，并且其增长的速度非常快，远远大于吸收的速度，教师不能仅仅以自身的知识为标榜，还需要保持知识的领先性，因此需要不断进行学习，对自己的知识储备予以丰富。

另外，身教永远比言教更重要。教师只有为学生树立好榜样，才能更好地引导学生。如果教师认为学习不重要，自己也不下功夫进行学习，那么就很难让学生意识到学习的重要性。在终身学习体系中，自主学习是重要的形式，教师一方面进行自我学习，另一方面将这一精神传达给学生，让学生进

---

① 梁思华. 英语教学与信息技术深度融合[M]. 北京：科学技术文献出版社，2018：33.

第七章 "互联网+"时代下大学英语自主学习能力培育与教师发展

行自我教育，那么学生就会慢慢地接受教育，更好地学会学习。

第二节 "互联网+"时代下大学英语教师的信息素养

一、适应信息化教学环境

现代教学环境已经不再仅仅依靠"一块黑板、几支粉笔"来开展教学活动。视听媒体和多媒体计算机的教学应用，校园网的建设和发展，不仅极大地改变了传统的学校教学环境，而且也对以课堂语言讲授为主的传统教学模式产生了重要的影响和冲击。

互联网技术在教育领域的普及和应用，使得现代教学环境正朝着媒体化、网络化、数字化方向发展。媒体化教学环境、网络化学习环境和数字化资源环境等现代教学环境的构建，对教师提出了新的素质要求。作为现代教学的指导者和促进者，教师只有充分掌握和熟练运用各种现代教育技术，才能适应现代教学环境信息化发展的要求。

（一）媒体化教学环境

各种媒体互联网技术的教育应用，使现代教学环境呈现出媒体化的特点，如视听媒体综合教室、数码投影演示教学系统、多功能语言实验室、虚拟技术模拟训练等教学场所，媒体技术已经成为开展教学活动的基本手段。

（二）网络化学习环境

学校的网络教学环境主要有广播网、电视网和计算机网等，已经广泛应用于教学活动的教学网络系统主要是广播和电视，目前许多学校正在建设或已经建成了多媒体网络电子教室和校园计算机教学网络。随着我国教育信息化建设的蓬勃发展，网络化教学环境将会覆盖全国各地的每一所学校、每一间教室。[①]

（三）数字化资源环境

现代化互联网技术的蓬勃发展和普及应用，使得各种以磁光介质为载体的数字化教学资源建设迅猛发展，知识的存储载体和传播方式随着信息化进程发生了根本性的变化。学校和教育部门相继建立起了多媒体教学信息资源中心数字化图书馆和电子阅览室，开发建设了大量的数字化网络教材和课程等。

二、熟悉信息化教学观念

（一）学习环境观念

在教育信息化发展过程中，教学环境越来越强调学生的自主性、创造性、参与性和协作性，其重心正在实现由以教师为主转变成以学生为主。教学过程既是一个信息与知识双向传递与交流的过程，又是一个开放性的动态信息系统。建构主义学习理论特别重视学习环境的设计。学习环境是从学习

[①] 孟丽华，武书敬. 网络环境下大学英语教师专业素质发展研究[M]. 北京：外语教学与研究出版社，2015：136.

者的角度相对于教学环境提出的概念,它主要强调通过各种学习资源和教学策略支持学习者的学习活动,因此,"学习环境"是以"学"为中心的教学系统存在的基础。

(二)教学设计观念

教学设计是教育技术的一项基本技能,是运用系统的方法确定教学目标,组织教学资源,选择教学策略,制订教学方案,并对教学效果作出评价的过程。其目的是为了保证良好的学习条件,以实现教学过程的最优化。

教学目标、教学资源、教学策略和教学评价是教学设计的4个基本要素。任何良好的教学都需要设计,任何层次的教学设计都必须解决好3个方面的问题。

第一,让学生学习什么,即解决教学目标的问题。

第二,为达到教学目标,需要使用什么教学资源和教学策略,即解决资源和策略的问题。

第三,如何评价学习过程和学习结果,即解决学习效果评价的问题。

三、掌握信息化教学技术

当代社会的信息化步伐越来越快,互联网技术应用已经渗透人类社会生活的方方面面。在信息时代,利用计算机和网络技术进行信息的收集、整理加工、应用和传播已经成为当代社会的重要支柱,同时,它也必将是未来教学的一个重要途径和基本方法。

在互联网教学环境中,教师必须掌握一些基本的互联网教学技术,这些技术包括以下几方面:

第一,熟练运用各种教学媒体和信息的收集加工与传播技术。

第二,了解并熟悉信息化教学环境和资源的类型与特点。

第三,熟悉信息化教学过程的特点、策略和管理方法。

第四，熟悉信息化教学的常见模式及其教学设计方法。

第五，熟悉信息化教学评价的基本理念、设计方法和教学应用。

第六，熟悉互联网技术与专业课程整合的原则与方法，并能将其有效地应用于学科课程教学之中。

第三节 "互联网+"时代下促进大学英语教师的专业发展

一、英语教师专业发展中的问题

英语教师和大学英语教师有共同点，但也有很多不同的地方。目前英语教师的发展面临着很多问题，正是这些问题的存在制约了英语教师的发展。英语教师的发展问题已经成为一个新的、迫切需要解决的问题。

（一）英语教师的数量不多

目前能够承担英语教学的教师数量有限，教师的数量远远少于学生的数量。在高校中，专业英语的毕业生极少，而在高校的教学中，对英语教师的需求量却很大，英语教师出现供不应求的状况。很多高校采取内部培养的方式将大学英语教师培养成为专业英语教师。而这个培养过程至少需要一两年的时间，专业英语教师数量增长缓慢。

而在另一方面，高校年年扩招，学生数量增长极快，教师和学生的比例远远达不到教育部的要求。另外，学生在完成了高中英语学习之后，英语水平已经达到一定的层次，很多学生便将英语学习的兴趣从大学英语转向了专业英语，使得班级增大，人数增多，专业英语教师明显不足。

（二）英语教师的工作量大

由于班级多，课时多，教师数量严重不足，专业英语教师的教学工作量很大。在课时上，一周十一到十六节，教师每天奔波在上课的路上，十分疲惫。由于专业英语一般都在高年级开设，在学习的后期学生会被安排在各地实习，因此专业英语教师还要到外地上课，工作很是辛苦。在备课上，专业英语教材涉及很多专业内容，对于英语专业出身的教师来说难度不小。

不仅专业英语的词汇需要做大量的准备工作，专业内容更需要去了解，更新自己的知识储备，这就需要专业英语老师付出相当多的努力。在课下，专业英语很多都是应用型的内容，需要学生做翻译和报告，这给专业英语教师带来了很多批改作业的工作量。如此从备课、上课到课后批改作业，专业英语教师几乎成为一个"教学机器"，而进行教学反思、教学改革，科研、业务研修等同于一句空话。

（三）英语教师的整体结构欠合理

根据笔者做的一份调查问卷的结果显示，目前专业英语教师的师资结构欠合理。就男女比例而言，绝大部分为女性，男女比例失衡；就年龄层次而言，30岁以下的教师占了67.8%，40岁以上的教师占了12.7%，中间层缺失，年龄结构缺乏一个合理的、有层次的递进；就学历层次而言，87.6%的教师拥有硕士学位，拥有硕士学位的教师占100%，仅有1%的人拥有博士学位。这反映了专业英语师资队伍离优化、精干、高效的目标还有相当大的距离；就毕业学校而言，仅有50%的教师从师范专业毕业，其余的教师为非师范院校的教育背景。由此可见，专业英语教师的整体结构欠合理，需要在男女比例、年龄、学历等各个层面进行优化，确保专业英语教育教学的成效。

（四）英语教师的科研水平有待提高

由于专业英语教师的教学工作量大，因此很少有时间去从事科研活动，在科研成果上表现为成果少、层次不高。大部分教师在发表论文、著作出版方面面临"瓶颈",难以找到突破口。加之,由于大部分英语教师为青年教师,他们获取科研资助的渠道少,大部分竞争性的科研项目被一些部门垄断,在科研上缺乏资金支持,难以围绕一个研究方向持续努力。在自身发展方面,由于现在高校科研考核指标都被量化,数论文、数专利、数引用,忽视了学科、专业、研究领域和研究方向的差异性,因此使得专业英语教师在科研上举步维艰。①

(五)英语教师自我发展的自主性不强

专业英语教师作为高校教师,而高校教师的发展是长期的、全面的、系统的过程。高校教师作为高等教育的施教者所要承担的责任和要求很多。要想成为一名优秀的高校教师,需要长期埋头苦干、淡泊名利。在这样艰苦、长期的过程中,有些教师便放弃了、退缩了,导致自我发展的内在动力不足。

二、教育信息化的教师专业发展

教师专业发展是教师追求职业品质的发展,只有不断提高教师的专业水平,才能使教学工作成为受人尊重的一种职业,实现自己的专业价值,并获得应有的专业地位。教师在专业发展中,应关注三个方面:第一,关注环境,将外在因素转化为自身的专业发展过程,提高自己的专业发展意识;第二,关注自我,正确认识自己的专业程度,分析自己不同时期专业发展的主题,不断超越自我;第三,关注进步,在专业发展中释放自己生命的活力,享受专业发展的成功体验、巩固自己的专业热情。②

---

① 童琳玲,祁春燕.演进与变革:网络环境下的英语教学研究[M].北京:团结出版社,2017:163.
② 王琦.信息技术环境下的外语教学研究[M].北京:中国社会科学出版社,2006:52.

第七章 "互联网+"时代下大学英语自主学习能力培育与教师发展

教育信息化要求教师在教育教学能力方面不断地进行提高，互联网技术在促进教师专业知识、专业技能、专业发展研究等方面具有重要作用。

首先，互联网技术促进教师专业技能的提高。互联网技术整合应用于学科教学，形成信息化教学能力，充分利用现代互联网技术和信息资源科学安排教学过程的各个环节和要素，为学习者提供良好的信息化学习条件，实现教学过程的优化，达到提高教学效果的目的。

其次，互联网技术促进教师专业态度的养成和升华。互联网技术应用得当能够显著提高教师工作、学习和研究的效率，大大减少教师的劳动量，减轻日常工作负担，提升教师劳动的创造性。在轻松、快乐、有成就感的氛围中，教师才会更加热爱自己的教师职业，进一步升华为终身追求的事业，努力达到较高的专业境界。

面临21世纪信息化的挑战，加强互联网技术教育与教师专业化发展已成为未来我国教育改革的热点。现代教育技术在互联网技术教育与教师发展的开展过程中有其独特的地位和作用，教育技术工作者必须面对互联网技术教育带来的机遇和挑战，真正转变教育理念，加强自身理论与实践的研究和发展。借助互联网技术教育的东风，加快发展、完善现代教育技术理论体系和发展壮大现代教育技术事业，切实做到将教育互联网技术与教师专业发展紧密结合，为今后持续有效地提高教育教学质量，深化教学改革，全面推进学校的发展寻找出一种有效的途径。

三、"互联网+"时代大学英语教师专业能力的提升策略

（一）脱产进修

有些高等师范院校已开设了现代教育技术专业，少数高校还招收了多媒体辅助外语教学方向的研究生，对在职外语教师进行系统培训。外语教师离职进修，可系统学习现代教育技术理论、现代语言学和外语教学理论等方面的知识。这种培训方式，是提高外语教师素质的重要途径。

（二）短期培训

通过举办各种专题培训班培训外语教师是多年来各地普遍采用的一种形式。如多媒体辅助外语教学教材编写、软件制作培训班、多媒体辅助外语教学个案研究与操作培训班、多媒体辅助外语教学教案—电子教案培训班等。这些培训形式具有学习内容单一、时间短、见效快等特点。

（三）函授或远距离教育

这是一种充分运用现代教育技术手段培训从事多媒体辅助外语教学的教师的形式。从事多媒体辅助外语教学的教师不脱产，边工作边学习，培训量大，是这种培训形式的优点。这种形式比较符合中国目前的教育国情。

（四）研讨交流、互帮互学

通过现代教育技术协会或现代教育技术研究会与外语教学研究会的合作，以地区间、校际间的横向联合，互帮互学，交流研讨，取长补短，这也是提高从事多媒体辅助外语教学的教师素质的一种途径。

（五）边实践边学习、边积累经验

现代教育技术实践的过程，是不断发现问题、研究问题和解决问题的过程。带着具体问题学习和研究，随着问题的解决，既可学到知识又积累了经验。我们也不能忽视这条提高从事多媒体辅助外语教学的教师素质的途径。

（六）业余自学提高

业余自学提高是在脱离教师指导，没有学校教学条件保证，靠自身主动、自觉、独立地进行业余学习的一种提高素质的途径。其特点是目的明确、动机强烈、学习主动、机动灵活、不影响工作。

（七）接受继续教育或终身教育

目前，许多省市开展了学科教师的继续教育，从事多媒体辅助外语教学的教师也应积极、主动、自觉地接受继续教育、终身教育，补充和更新知识。

（八）专家巡回演讲，现场传授经验

组织现代教育技术专家和擅长运用多媒体技术辅助外语教学经验丰富的教师，到进行定期巡回演讲，直接传授知识和经验，即时解答和发现问题，其特点是省时、省力、机动灵活，符合我国现有的国情。

四、"互联网+"时代大学英语教师专业能力发展的途径

大学英语教师专业发展是一个持续、动态的过程，其内涵随着社会的发展而不断丰富。在"互联网+"时代背景下，信息的实时共享，给大学英语教学提供了丰富的网上教学资源，同时为大学英语教师专业发展提供了全新平台，教师专业发展面临着新的要求。从方法论的角度来说，英语教师的专业发展可以从以下途径展开。

（一）更新专业发展观念，树立终身学习思想

在"互联网+"时代背景下，随着信息化时代知识的时时更新，学习资源的逐渐开放，学生可以通过多种途径和渠道获取英语学习的知识，因而教师已不再是知识的唯一传播者。信息技术的飞速发展改变了传统教与学的方式，教师角色呈多元化发展，因此，在知识传授过程中，教师必须与时俱

进,及时更新专业发展理念,树立终身学习的思想。

终身学习是20世纪60年代,联合国教科文组织在《面向所有人的终身学习》一文中提出的概念,是指社会成员为适应社会发展和个人发展需要的学习,它强调持续一生自我导向的学习,简言之就是活到老学到老,其终极目标就是实现可持续发展。

对英语教师来说,只有不断地学习,才能为自身的专业发展提供可能,因此需用终身学习理念启迪思维,使之稔熟于心。应积极主动通过网络、书籍等学习资源,不断汲取最新、最前沿的学科知识和教育教学理论,来充盈自己的专业知识,增加自己的知识储备,拓展自己的专业结构,以形成持续的专业发展终身学习思想体系。同时还应积极投身于新的教学实践,充分灵活使用现代教育技术,并将新的教育技术运用与学科知识相融合,设计出新的教学模式,以适应"互联网+"时代发展对英语教学的要求。与此同时还应在《理工英语》教学过程中,鼓励学生,始终关注和满足学生的需求,为学生排忧解难,及时调整教学方法,积极开发出针对性强、易于学习的教学资源,来调动学生的学习积极性和学习热情,提高学习信心、学习效果和归属感,从而达到最佳学习效果,以此提高教师的教学能力和水平,最终实现英语教师的专业持续发展。

(二)营造智慧学习环境,提升信息应用能力

随着网络技术走进英语教学课堂,原有的教学学习环境发生了改变,英语课程的教与学突破了时空限制,学习者可以在任何时间、任何地点获取学习资源进行学习,实现了教育资源信息实时共享,由此教师专业发展增加了新的内涵。在专业发展的进程中,英语教师应积极将信息技术应用到教学工作实践中,为学生营造一个有利于智慧学习的环境。

智慧学习环境是以信息技术为支撑,以启迪学生的智慧为根本目标,为学生提供全面、多元化的学习服务与支持。创建一个英语智慧学习环境非常重要,因为英语课程的学习不仅是要学一门语言、词汇、文化、习俗等,更重要的是能创设不同的情境,进行情景教学,使得学生学会依据情景恰如其分地使用语言。

第七章 "互联网+"时代下大学英语自主学习能力培育与教师发展

作为知识传播者、教学设计者、引导者、组织者、协调者等多角色的英语教师,英语语言文化知识的呈现应充分借助于线上线下等多模态智慧教学手段,运用现代信息教育技术,创设不同的网络虚拟教学情境,来满足学生个性化学习需求。应紧跟时代发展步伐,注重信息化与英语教育的融合,努力做到不仅要掌握本专业知识,还应掌握先进的信息技术,不断提高使用信息化技术的能力;要将所学的信息技术转化为有效的英语教学能力,即信息资源处理能力和课件制作能力,快速掌握设计完成线上线下等多模态网上课程,并在混合式学习理论指导下,学习开发网络课程及微课制作等;应自觉在日常教学中结合教材内容,对网上海量的教学信息资源进行梳理筛选,并进行有效的整合,来提升信息化教学能力和信息素养,实现英语教师教学方式的专业化发展。

(三)构建教师学习共同体,开展教改项目研究

教师专业发展具有内在性、自觉性和主体性,其原动力来自教师对自己职业的热爱、对学生的责任感以及对学术科研的深刻认识。诚然,大学英语教师专业发展依赖自我推动,但也离不开外部环境。"互联网+"时代,传统的英语教学正随着线上学习平台、网络学习资源等教学模式发生改变,英语教师专业发展的内涵增加了信息化、多样化等特色,英语教师的专业发展不应仅限于个人孤立的发展,而应借助互联网的开放网络,组建集学习、探讨、实践、教研等于一体的虚拟英语教师学习共同体和教学团队。

组建的英语教师学习共同体和团队应由具有相同或相似学科背景和研究兴趣一致,且有共同愿景的老师组成,以促进教师专业发展为目标,以教学、教材建设、教学改革等项目为内容,以网络虚拟手段为途径,以教学与科研相互促进为理念,开展不同形式的教师专业发展学习共同体的教学实践和学习活动,比如,共同研课、经验交流、资源分享、课题研究等。共同研课能有利于线上、线下课程远程教学;经验交流有助于英语教师专业思想更新;资源分享可以促进专业知识的提升;课题研究可以在大数据的帮助下,紧紧围绕"互联网+"时代背景下的线上线下混合式教学方法、教学模式、信息化技术、教学内容、教学关键问题、教学实践创新等教学改革问题,凝

练出更多新颖的教学改革项目课题。

根据教学团队中的学习共同体人数,分成若干小组,不同小组按各自分工,借助互联网虚拟手段,如QQ、微信、名师工作坊等,建立围绕某个教学专题或教学改革项目专题为研究内容,进行资料检索。然后汇集团队中学习共同体教师的智慧,展开深入细致的实证研究,形成以教学带动教学学术项目研究,以教学学术反哺教学的实证项目研究,实现教研相长的英语教师专业发展。

(四)优化教材教学内容,注重课程思政

教师必须树立"课程思政"的理念。应以"四有好老师"为标准,不断更新教学理念,积极探索"课程思政"英语课程教学新模式。充分挖掘教材中的思政元素,做到立德树人。任何一种语言都承载着本民族的文化精髓,英语作为一门语言,同样也具有思想、政治、文化的烙印。

在教学过程中,需要教师结合教材和学生实情,有效地整合、优化教材教学内容,深挖专业知识的思政切入点,使自己认识的语言、专业知识上升到思政理论高度。借助"互联网+"时代现代教育技术,利用线上线下、多模态混合教学方式将爱国主义思想通过外语教学展现出来,突出我国悠久灿烂的历史文化,将社会主义核心价值观、中国传统文化、学科特色文化和美育融入大学英语教学内容,形成中西文化对比碰撞。突出英语课程教学内容与思政教育有机结合,以确保思政贯穿于整个公共英语课程教学过程中,达到思政教育进入英语教学课堂,润物细无声的育人效果。

积极探索"互联网+"时代教学方法,提升英语教师专业发展。教师的专业发展决定了教学质量,在"课程思政"教学活动中,教师应遵循教书育人规律,强化"课程思政"问题导向,结合专业课程实际,积极创新适应新形势下多种教学方式的混合教学方法。

采用多媒体,将图片附上音频、视频的形式,构成三维立体影像,来丰富课程内涵。并由原来的只注重英语基础知识的传授和语言技能的培养,转向贴近学生的思想内容,贴近社会,既紧扣时代发展,又与理工英语学科专业融合,做到适时地嵌入思政教育。因此,教师必须加强自身的修炼,培养

第七章 "互联网+"时代下大学英语自主学习能力培育与教师发展

自身丰厚的人文底蕴,按照"四有"好老师的要求,不断提升自身育人能力,实现"立德树人"的英语教师专业发展。

"互联网+"时代给教育带来了挑战,也给英语教师带来了前所未有的挑战,就如同信息技术革命对教育的影响一样。"互联网+"时代背景下,一方面为英语教师的专业发展提供了更好的条件和资源,另一方面又对教师的专业发展提出了更高的要求。因此,英语教师在探索自身专业发展的过程中,要认清"互联网+"形势下的背景和形势,积极抓住机遇,要树立终身学习的理念。还应培养利用互联网现代教育技术,构建网络智慧学习环境的能力,实现教师信息素养的专业发展。必须与时俱进,加强教师之间的合作,以促进大学英语教师的专业发展,进而实现英语教学质量的提高。

第八章 "互联网+"时代下大学英语自主学习能力培养的评价研究

教学评价是教学体系中的重要组成要素。通过教学评价，教师可以充分掌握学生的学习情况，进而调整教学方式、方法，以选择适合学生学习的教学模式来引导他们展开学习。教学评价的作用是毋庸置疑的，一直以来都受到人们的关注与重视。在"互联网+"背景下，教学评价这一要素需要与时俱进，结合网络展开评价，体现出新颖性与有效性。本章重点研究"互联网+"时代大学英语自主学习能力培养的评价研究。

第八章 "互联网+"时代下大学英语自主学习能力培养的评价研究

第一节 "互联网+"时代下的大学英语教学评价

一、信息化教学评价

（一）信息化教学评价的理念

1. 真实性评价理念

真实性评价（Authentic Assessment）是20世纪80年代末在美国兴起的一种新型评价方式，它要求学生运用所学的知识和技能去完成真实世界或模拟真实世界中一件很有意义的任务，并试图用接近"真实生活"的方式来评价学习的成就水平，任务完成的绩效主要通过依据学业标准制订的评价量规来进行评定。真实性评价是对标准化评价方式的有效补充，根据实际需要，教师可以在教学过程中交替使用这两种方式开展学习评价。目前，真实性评价已逐渐从教学评价的边缘走向中心，并成为信息化教学评价的重要理念和方式。[①]

2. 多元评价理念

现代智力研究成果认为，学习能力是多方面的，不同的学生可能擅长以不同的智力方式学习，其知识表征与学习方式有许多不同的形态；学生在意义建构活动中表现出来的并不是单一维度的能力反映，而是多维度能力的综合体现。因此，应该通过多种评价手段来衡量不同的学生，应该针对学习的不同维度综合评价，以便全面反映学生的学习状况和学习成果，并给学生以多元化、弹性化、人性化的发展空间。

[①] 徐道平，王凤娇，赵卫红. 互联网时代下高校英语教学研究[M]. 长春：吉林人民出版社，2019：171.

3.动态评价理念

动态评价理论源于苏联著名心理学家维果茨基的社会发展认知理论。相对于传统评价只提供学生在单一时间点上的测验表现或成就信息的相对静态化评价来说，动态评价能够统整教学与评价过程，它兼顾过程与结果，兼顾社会介入与个别差异，并通过师生间的双向沟通与互动关系，同时考查认知潜能和学习迁移能力，因此，可以评价与预测学生最佳的发展水准。

（二）信息化教学评价的过程

信息化教学与传统教学在评价方面的最大区别，就在于它对学生发展过程的关注和促进。单就评价的一般过程而言，两者并无本质的区别，其一般过程大致可分为评价准备、学习信息收集和整理、学习信息的判断和分析，以及评价结果的形成和反馈等阶段。

1.信息化教学评价的准备

古人云："凡事预则立，不预则废。"由此不难理解，准备阶段是评价实施的预备阶段，准备阶段的工作质量将直接影响评价结果的质量。在信息化教学评价中，除进行传统的相关评价准备外，重点要进行各种信息化评价量规、手段和工具等方面的准备，具体可分为4个方面。

（1）明确评价目的和评价目标。

（2）设计评价量规体系。科学、合理的量规体系是评价取得成功的基础，也是评价结果可信和有效的关键。因此，开展教学评价并对教育现象进行价值判断，必须有一个严密的衡量参照依据，即评价量规体系。通常，评价量规体系的建立应在评价活动开始前进行设计，而且量规体系的设计过程应尽量让学生及家长参与。

（3）确定收集和处理评价所需信息的方法。

（4）设计评价生成工具。

2.评价信息的收集与整理

在信息化教学评价中，学习信息的收集是指评价者运用科学的方法，系

第八章 "互联网+"时代下大学英语自主学习能力培养的评价研究

统、全面、准确地收集评价所需学习信息，并将其作为进一步对评价对象进行分析、判断的主要依据。它是教学评价的基础性工作，是评价过程中的重要环节，也是评价过程中最为费时、费力的一项活动。

收集评价信息，首先要明确需要什么信息，其次是确定信息源的数量，还要选择收集信息的具体方法。

（1）应收集的学习信息

在信息化教学评价中，需收集的信息不仅要包括传统评价中用到的各类测试成绩，还要包括学习过程中的相关信息，以及合作伙伴方面的信息等。

（2）学习信息收集的方式

在信息化教学评价过程中常用的收集信息的方式有5种。

①测验法。测验法就是针对评价对象，运用教育测量理论和方法编制高质量的量表，并施测于评价对象，以获取评价信息的一种方法。同时，在设计测验时应注意同时考虑其信度效度、难度和区分度等相关因素。在信息化教学评价中，可利用基于计算机和网络技术的电子测验系统进行测验。

②查阅相关资料。查阅相关资料就是对现有的资料进行检索、阅读、整理、统计以及浓缩，从而获取定量和定性的评价信息。在信息化教学评价过程中，可通过网络、计算机技术等检索学生的电子学习档案来获取学生学习过程中的信息，也可通过网络搜索引擎查找相关信息。

③个别访问。个别访问即评价者通过与评价对象面对面的谈话来了解情况、收集资料的方法。现在，除进行面对面访谈外，还可通过建立评价者邮件列表、访谈对象邮件列表开辟专门的访谈区等方法进行同步或异步的个别访谈。这样，不仅可打破以往面对面访谈时间上必须要求同步的限制，给访谈双方一些缓冲的余地，而且由于彼此不直接见面、匿名的特点，不易在访谈双方产生紧张、抗拒、隐瞒等不良情绪，进而保证访谈效果。

（3）评价所需学习信息的初步整理

利用上述信息收集技术获取的各类资料并不是都有用，有些隐含"水分"，有些无法直接进行处理，因此，必须经过整理才能进入分析处理阶段。学习信息的整理是根据评价对象的本质特征，评价活动的目的、任务以及统计分析时所用统计方法的可能性，将所获得的信息进行分组归类。它是对评价信息进行归纳整理、简化概括的第一步，为进一步的分析打下基础。

3.学习信息的判断和分析

评价判断、分析阶段是评价准备阶段和评价信息收集阶段的延续，这一阶段得出的结论是前面两个阶段工作成绩的反映。通过对学习信息细致、深入的分析还有可能揭示出蕴涵在评价信息中的其他信息，从而使评价的作用真正发挥，对学习起到推动作用。

4.评价结果的形成与反馈

评价结果的形成与反馈是信息化教学评价活动的最后一个阶段，它的质量关系到评价作用能否充分发挥。因此，这也是一个重要的阶段。

（1）评价结果的形成

信息化教学评价是一个复杂的、多元性的评价，其所得的各初步评价结果往往不能全面反映被评价者的整体情况。只有在对各种初步的评价结果进行全面、细致分析的基础上形成最终的综合判断，才能对被评价者作出完整、全面的评价。

（2）评价结果的反馈

在信息化教学过程中，应及时地把评价意见反馈给学生。如果评价信息不能及时反馈，学生就无法准确获知自己的学习情况和存在的问题，不能从评价中得到有效的刺激并适当调整自己的学习进度和方法，评价的发展性功能也就得不到有效的发挥。

二、"互联网+"时代下大学英语教学评价重建的必要性

教学评价是构建内部质量的保证体系。以教学诊断与改进工作为抓手，开展学校质量保证体系顶层设计，从质量监控主体、监控层次和监控内容3个层面构建"多元化、多层次、全覆盖"的开放性的质量保证体系。进一步完善由学校、专业课程教师、学生与决策指挥、质量生成资源建设、支持服务、监督控制构成的五横五纵工作标准体系，形成质量标准链。

第八章 "互联网+"时代下大学英语自主学习能力培养的评价研究

(一)传统教学评价的不足之处

传统教学评价主要以各类测试为基础。尽管以测试为主的评价方式在检验教学效果促进知识学习和选拔鉴别人才等方面都具有重要作用,但由于在传统的教学评价过程中过分强调了考试的作用,因此,其弊端也日益凸显出来。其不足之处主要表现在以下4个方面。

(1)评价内容过于注重学业成绩,考试强调甄别与选拔的功能,相对忽视了评价的改进和激励功能,忽视了对学生综合素质和全面发展的评价。

(2)以考试为主的评价方法主要考查学习的结果,从而导致过分关注考试分数,而忽视了评价过程本身的意义,忽视了评价对象在学习过程中的努力表现。

(3)评价主体单一、标准机械,忽视自我评价的价值,忽视了评价主体多元化和评判标准价值的多向性;过于注重量化评价和书面测验,主要强调了一般共性,而相对忽视了个性发展的差异性。

(4)评价对象基本处于被动地位,评价过程缺乏有效的互动交流,忽视评价结果的反馈与认同,从而导致评价的反思和调控功能无法得到充分的发挥等。

(二)信息化教学评价的优点

为适应信息化教育发展的需要,信息化教学评价应体现"以学生为中心""面向学习过程""促进学生发展"的基本特点。与测试型的传统教学评价相比,信息化教学评价与教学的关系应由过去那种孤立的、终结性关系,转变成将评价镶嵌在学习过程之中并作为学习过程不可分割的有机部分,而且在教学评价的目的、重心、主体、方式和标准等方面都需要进行适当的调整和变化。首先,互联网教育背景下的大学英语教学能够对学生的学习情况进行监控,保证学生学习的质量,促进学生学习的进步与发展。根据学生在学习中的情况,对其学习态度、学习过程等展开评价,有助于为学生的学习计划与学习调节等提供支持。根据评价的结果,教师能够对学生的英语学习加以指导,对学生学习中存在的问题提出意见,并让学生进行弥补,从而将学生的潜能发挥出来。其次,互联网教育背景下的大学英语教学评价还有助于教师的进步与发展。这是因为，教师评价的目的主要是对教师工作现实和潜在价值做出判断。

第二节 "互联网+"时代下大学英语教学评价的原则

一、主体性原则

所谓主体性原则，即英语教学评价主体需要考虑教学价值主体本身——学生的需求，对教学价值客体进行评价。

在学习中，学生处于主体地位，但是传统的英语教学评价仅将教师作为核心地位，认为教师充当的是教育主体的作用，是知识的灌输者，而学生仅是知识的被动接受者，这样导致教学评价主要是针对教师来说的，评价的内容也主要是教师的教学情况。表8-1是一个典型对教师评价的体现。

表8-1 教师课堂教学评价表

项目	内容	权重	得分
教学目标	（1）是否体现明确的教学目标、教学大纲、教材的特点，是否与教学实际相符 （2）是否落实了教学知识点，是否培养了学生的能力 （3）是否将德育教育寓于知识教育之中	15	
教学内容	（1）教材的处理是否恰当，是否突出了重难点，是否突破了重难点 （2）教学组织是否有清楚的条理，是否简明扼要，是否准确严密，是否难度适中 （3）教学训练是否定向，是否有广度，是否保证强度适中	25	

第八章 "互联网+"时代下大学英语自主学习能力培养的评价研究

续表

项目	内容	权重	得分
教学方法	（1）教学的设计是否得当，是否体现了教学改革的精神，是否处理好主导与主体之间的关系问题 （2）教学是否有合理的结构，是否做到教学方法的灵活性，是否将各个环节分配恰当 （3）教学是否有开阔的思路，是否采用现代化的教学手段，是否能够将学生的学习兴趣激发出来 （4）教学是否注重学习方法与学习习惯的指导	25	
教学基本功	（1）教学中是否运用了清晰、生动、规范的语言 （2）教学中是否保证书写的清晰与特色鲜明 （3）教学中是否有自如的神态，且保证大方得体	15	
教学效果	（1）教学中是否保证热烈的气氛，是否给学生留下了深刻的印象 （2）教学中是否能够面向全体同学，是否完成了教学任务，是否实现了良好的教学效果	20	
综合评价		总分：	等级：

显然，从表8-1中可知这类评价主要是评价学生能否接受教师传授的知识以及接受的程度；评价学生的学习情况来对教师的教学内容与教学方法的合适程度进行审查；评价教师的学习策略是否得当等。简单来说，这种教学评价是为教师服务的，并没有展现出学生的主体地位。

当前的教学强调有效教学，即发挥学生的认知主体作用，因此教学评价的对象需要从以教师为主导转向以学生为主体，对学生学习情况的评价内容与手段应该从单一转向多元，如对学生学习动机、学习兴趣等都可以进行评价。基于此，教学评价的对象才能转向学生，当然这里并不是说不对教师进行评价，只是说以学生的评价为着眼点，为学生创造更多适合学生学习的环境，且对教师的评定标准也是考虑学生来制订的。

二、过程性原则

英语教学评价应该坚持过程性原则，这主要体现为两点。

其一，要全程性，即评价要在学生学习的全过程得以贯穿。

其二，要动态性，即对发展过程加以鉴定、诊断、调控等，对整个过程的发展方向加以把握。

英语教学评价对于过程评价非常关注，正是这一点，有助于提升学生的学习兴趣，增强学生英语学习的动机与主动性，从而有助于他们的自主学习。

下面结合大学英语混合式教学对过程性评价原则展开进一步分析。

（一）依托科学化的评价理念开展过程性评价活动

在大学英语混合教学模式中，正确的过程性评价理念对评价过程、评价结果产生着不容忽视的影响。为此，评价主体需要认识到混合教学模式所具有的特殊性以及混合教学模式对过程性评价所提出的特殊要求，并通过不断更新自身对混合教学模式、过程性评价的认知以及强化学习，确保自身所持有的评价理念能够适应评价工作开展需求。

首先，评价主体有必要了解教学大纲对自身评价能力所提出的要求，从而有针对性地调整自身所具有的教学理念，确保自身评价理念能够与教学目标保持一致。如教学大纲对学生英语素养、综合素养发展提出了明确的要求，而评价工作的开展则需要以这些要求为依据，从而为评价内容的确定、评价方法的选择等奠定良好基础。

其次，评价主体需要围绕混合式英语教学所具有的特点，推动自身评价理念适应教学模式的转变。如混合式英语教学模式不仅要求评价主体关注学生线下学习情况，而且还需要关注学生线上学习情况。在此背景下，评价主体必须重视收集学生的反馈信息，从而促使评价工作呈现出全面性、客观性的特征。

再次，评价主体需要提升过程性评价在混合式大学英语教学中的地位。

第八章 "互联网+"时代下大学英语自主学习能力培养的评价研究

过程性评价是一种关注学生知识、能力建构以及养成的评价模式，这种评价模式不仅能够与终结性评价形成良好互补，而且能够很好地反映出学生在混合式英语教学中面临的困难以及存在的问题，从而为教学策略的调整提供依据、为教学成效的提高提供保障。由此可见，评价主体需要避免将过程性评价和终结性评价对立起来，而应当对多种评价方式进行综合运用，在强调过程性评价方式重要地位的基础上开展评价工作。

最后，评价主体需要在自身评价理念的变革中体现出前瞻性。这要求评价主体能够通过开展持续的交流与学习，了解大学英语评价的发展方向，并重视依托新的评价理念来推动过程性评价工作成效的提升，从而充分发挥出评价工作在提高混合式大学英语教学水平中的作用。

（二）引导多元化的评价主体开展过程性评价活动

在大学英语混合教学模式中，评价主体的多元化发展对于提升过程性评价工作的全面性发挥着重要作用。从推动评价主体实现多元化发展的必要性来看，相对于传统的教学模式而言，基于混合式教学模式的大学英语教学活动呈现出了明显的差异性，特别是在时空层面，混合式教学模式突破了课堂以及固定教学实践的限制，学生在完成线下学习的基础上，可以自主选择开展线上学习的空间与时间，在此背景下，教师所具有的监督作用呈现出了被弱化的特征，而学生在评价过程中的主体地位日益凸显。与此同时，从教学督导、同学视角对学生知识与能力的建构过程做出分析，也能够帮助学生更为客观地认识到通过参与线上学习自身所获得的收获。

由此可见，传统教育模式下以教师为主导的教学评价模式在混合式教学模式中呈现出了难以适应的特点。具体而言，过程性评价中的多元主体主要包括教师、学生以及教学督导。其中教师既是开展线下过程性评价的主体，又在线上过程性评价中呈现出了不容忽视的作用。教师不仅需要直接开展评价活动，而且需要明确评价内容、制定评价标准，从而为自身所开展的评价活动以及学生、教学督导所开展的评价活动提供依据。学生同样是线上过程性评价与线下过程性评价的主体，他们可通过开展自我评价、相互评价等方式，对自身知识、能力的养成以及养成过程中存在的问题有清晰的认知，从而更好地总结经验、吸取教训，为线上线下学习成效的协同提升奠定良好基础。教学督导在过程性评价中的作用主要体现在对各班级授课情况的观察、随堂听课，对学生在学校教学综合管理平台上的学习数据的提取分析，对教师评学、学生评教情况的分析等，从而拓展过程性评价工作的覆盖范围。

（三）依据个性化的评价标准开展过程性评价活动

混合教学模式是一种强调个性化、尊重学生主体性的教学模式，这不仅体现在混合教学模式的有效开展需要依赖于学生主观能动性的充分发挥，而且还体现为混合教学模式的设计需要重视学生学习需求。在此基础上，学生可以根据自身学习需求自主选择学习内容并控制学习进度，从而确保学习方案、学习计划能够与自身学习能力、学习目标相适应，这一点在混合教学模式的线上教学中体现得尤为明显。

混合教学模式所具有的这些特征，决定了评价主体需要在过程性评价工作中制定个性化的评价标准。具体而言，过程性评价工作重视了解学生在学习过程中表现出的学习态度、学习习惯、学习策略等，同时也重视挖掘学生在知识与能力建构中的问题，肯定学生在学习过程中取得的成果。

然而，由于不同学生所具有的英语素养基础、学习能力等具有一定差异，如果使用统一的评价标准开展过程性评价，则难以客观反映学生所取得的进步，甚至会挫伤部分学生在知识与能力建构中的积极性。因此，在将过程性评价应用到混合教学模式的过程中，评价主体需要将了解学生基本学情作为关键性工作，并在此基础上针对不同学生的实际情况制定不同的过程性评价标准，从而确保评价主体能够依托过程性评价看到学生的细微进步，通过肯定学生的闪光点来强化学生的学习信心，推动学生的个性发展。

为了确保评价主体所构建的评价标准能够更好地与学生实际情况实现良好对接，评价主体有必要在个性化评价标准的制定中引导学生参与并尊重学生意见，这不仅有利于促使个性化的评价标准呈现出更为科学的特征，而且也能够促使学生明确自身英语素养发展目标，从而在混合教学模式下展现更为积极的学习热情，进而为过程性评价作用的充分发挥以及混合教学模式成效的有效提升提供助力。

（四）凭借高质量的评价反馈开展过程性评价活动

在大学英语教学工作中，作为评价主体之一的教师不仅需要重视收集学生学习信息并针对学生开展过程性评价，而且有必要为学生提供反馈信息，在确保学生了解评价结果的基础上促使学生明确自身持续发展的目标并保持持续发展动力。为此，教师需要在完成评价之后与学生开展沟通与交流，推动评价反馈呈现出高质量的特征，进而有效提升过程性评价工作水平。

首先，教师需要重视在评价反馈工作中对学生进行激励。对于在混合教学过程中表现欠佳的学生，教师也需要避免使用消极语言，而应当在引导学生认识到自身问题的基础上，使用鼓励性语言激发学生的上进心，从而确保学生做到不因进步而沾沾自喜，不因有问题而沮丧不前，进而为提升学生学习效率、学习成果奠定良好基础。

其次，教师所开展的评价反馈应当体现发展性，即在引导学生对特定阶段的过程性评价结果做出了解的基础上，教师有必要明确学生英语素养以及其他综合素养的未来发展目标，并对学生进行指导，从而确保学生在混合教学中具备正确的学习方向。并可以使用科学的学习方法来实现学习目标，进而充分发挥过程性评价在提升大学英语教学成效中的作用。

第三节 "互联网+"时代下构建大学英语动态评价体系

信息化学习环境既为学习者提供了丰富的资源、技术和活动平台，同时也为评价创新提供了技术支持。信息化教学评价关注学习过程，强调评价的多元化。除传统的测试外，电子测试系统电子学档的评价、表现性评价、概念图评价等都是信息化教学常用的评价方式。

一个完整的电子测试系统，实际上就是将计算机应用于传统的测验全过程。其工作流程包括题库建设与管理、智能组卷、考试、评卷、试题分析（包括试卷、试题和学生分析）等环节。试题分析的结果，一方面对下一轮的教学提供参考；另一方面要对原题库不合适的内容进行修改、增加、删除等调整工作，从而构成一个循环过程。

一、题库建立和维护

题库是按一定的教育测量理论，在计算机系统中实现的某门课程试题资源的集合。当前，题库既可以在独立计算机系统中实现，也可借助网络技术形成网络题库。一个题量充分且经过精心组织的试题库是整个系统的基础，它决定了系统可能考试的科目和题型，还包含考试的全部试题及试题的所有相关属性（如知识点、分数、题干、选项、答案、难度系数、区分度系数、知识点等）。因此，在电子测试系统中，题库一般要事先建立，而且要能根据实际需要对题库中的试题进行添加编辑、删除和查询等。

二、智能组卷

首先根据测试目的，教师通过浏览器输入相应的组卷参数（如题目数量、总分、平均难度、平均区分度、参加考试的学生等）；然后系统按一定的组卷策略自动从试题库中抽出相应试题，组成符合要求的试卷。另外，为保证所选试题能满足教师的特殊需要，电子测试系统还应支持教师的手工组卷，即教师逐个选择所需题目，组成试卷。

三、试卷评阅

阅卷评分分为自动阅卷评分和人工阅卷评分,自动阅卷评分是针对客观题,如选择题、填空题、判断题等,学生完成考试后,由系统自动评分并将分数记录到数据库中;人工阅卷评分是针对主观题,如名词解释、简答题、论述题等,学生结束考试后,由教师在线阅卷评分,并记录到数据库中,再将客观题分数和主观题分数相加作为学生的总分记录到数据库中。[①]

四、测试结果分析

测试结果分析包括各学生成绩分析、所组试卷分析和题库中各试题的分析等。其中,学生分析是针对某个学生在某门课程的各次考试成绩进行的分析,包括其总得分、各题型得分、本次考试的平均分等;试卷分析是针对每一份试卷进行的,包括每份试卷的平均分、最高分最低分得分分布情况、整份试卷的信度和效度分析等;每一试题的分析则包括使用次数、答对人数、实测难度、实测区分度等。

---

① 苑丽英. 互联网+视域下大学英语教学的创新探索[M]. 长春:吉林人民出版社,2019:201.

第四节 "互联网+"时代下评价大学英语自主学习能力

一、表现性评价

（一）表现性评价的内涵

表现性评价（Performance Assessment）通常也称绩效评价，它是通过观察学生在完成综合性或真实性任务时的学习表现来判断其发展过程和结果的评价方法。美国国会的技术评价办公室将表现性评价定义为"通过学生自己给出的问题答案和展示的作品来判断学生所获得的知识和技能"。这主要包含3层含义：第一，学生必须自己创造出问题解决方法（即答案）或用自己的行为表现来证明自己的学习过程和结果，而不是选择答案；第二，评价者必须观察学生的实际操作或记录学业成果；第三，评价必须能使学生在实际操作中学习知识和发展能力。

（二）表现性评价的常用方式

1.演示

演示是一种按照规定的要求进行操作的能力表现，学生可借助演示过程展示其能够运用知识和技能来完成一项特定的复杂任务。它通常指向展示学生技能的运用过程或熟练程度，而不是指向学生的思维过程或知识陈述。演示任务通常是定义良好的学习问题，学生和评价者一般都了解完成演示任务的正确步骤或最佳方式等，如要求学生演示实验仪器的操作使用方法、演示网络信息资源的获取过程或演示某项体育运动技能等。

第八章 "互联网+"时代下大学英语自主学习能力培养的评价研究

2.实验与调查

实验与调查也是一种按要求操作的能力表现，学生可以通过设计、实施及解释过程和结果来表现能力。实验与调查可以评价学生是否运用了适当的探究技能与方法，还可以评价学生是否形成了适当的观念框架，以及对所调查的现象是否形成一种基于学科知识的理论化解释等。为评价这些能力，在开始收集数据前评价者应要求学生进行估计与预测，再通过收集、分析数据来展示学习结果，得出结论并进行论证。

二、教学评价量规

（一）评价量规的内涵

量规作为一种学习评价工具，是用于评价、指导/管控和改善学习行为而设计的一套评价标准。它通常表现为二维表格的评分细则形式，并为学习过程、学习作品或其他学习成果（如一篇文章的观点组织、细节、表达等）列出具体的评价细则和标准要求，明确描述了每个准则从优到差不同水平的等级得分。从量规的功能形式使用方法等方面来综合理解，可以将学习评价量规界定为：根据教学目标要求从多个维度对评价标准和等级划分进行具体描述的说明性工具。

（二）评价量规的设计

随着信息化教学的发展，越来越多的教育工作者开始了解并熟悉评价量规，并已经开发了许多可供直接使用的量规资源，如《信息化教学——量规实用工具》一书中就提供了信息化教学评价的实用量规集锦。但为了更好地反映课程和教学的特点，教师仍需要经常自己设计学习评价量规。

1.评价量规的设计原则

（1）一致性与科学性原则

量规要与教学目标或学习目标保持一致，而不应游离于目标之外。量规设计要讲究科学性，必须符合信息化教学的原则和理念，不能仅凭已有经验进行开发。

（2）系统性原则

量规体系应具有整体性联系性和层次性，要能对评价对象进行全面的衡量。当评价对象处于更大的系统中时，应注意它与周围情境的纵横联系。

（3）开放性原则

信息化学习包含诸多因素，内容复杂，不可能用一成不变的量规体系来框定。因此，量规体系必须是开放性的，评价者在教学过程中不仅可以灵活使用，而且通过相互借鉴还可以使评价量规不断得到修正、充实和完善。

（4）独立性与实用性原则

各量规项之间并不兼容，每个量规指标都独立提供评价信息，不能有重叠关系。量规设计要切合实际，既要保证提供足够的评价信息，又要考虑人、物、财力、时间等应用条件。

2.评价量规的设计步骤

（1）量规设计应遵循的步骤

为了使评价量规能更好地体现教学目标并发挥其评价作用，量规设计一般应遵循以下步骤。

①分解学习目标，初定量规框架。学习目标可以被分解为若干层次，每个层次又可分解为若干不同部分或组成要素，可以根据获得的若干末级指标设计初步的量规体系框架。

②指标归类合并，确定量规体系。末级指标之间可能会有一定的功能交叠，照此组成的量规体系也会出现内涵重复现象。

③具体描述指标，确定量规赋值。对各具体目标的评价量规进行描述时，要根据目标要求写出期望达到的评语或要求，同时把量规分为若干等级，每个等级赋予权重分值，评价者根据学习期望或目标要求逐级进行学习评定。

第八章 "互联网+"时代下大学英语自主学习能力培养的评价研究

④试用并修订量规。通过学生自评、互评和教师应用来试用已经设计完成的量规，对量规体系或指标权重提出意见，以便对量规设计进行修订和完善。

（2）量规设计应注意的问题

设计良好的学习评价量规，除了要遵循量规设计原则和步骤外，还应注意以下问题。

①让学生参与量规的设计。量规设计过程中的一个重要方面，就是把量规制订作为学习过程的一部分，尽量让学习者参与量规的设计，并通过和学生讨论制订有关学习量规，有助于学习者把标准和量规内化，使学习者更清楚整个学习过程和所要达到的目标。

②用具体的、可操作性的描述语言清楚地说明量规中的每一部分。在对量规进行解释时，应使用具体的可操作性描述语言，而避免使用抽象的概括性语言，同时还应避免使用不清楚或消极的语言等。

参考文献

[1][美]肯尼斯·莫尔.课堂教学技巧[M].北京：人民教育出版社，2010.

[2]边明伟.基于"互联网+"的混合教学实践与探索[M].成都：西南交通大学出版社，2018.

[3]蔡先金等.大数据时代的大学：e课程 e 教学 e 管理[M].济南：山东人民出版社，2015.

[4]陈光海，汪应，杨雪平.信息化教学理论、方法与途径[M].重庆：重庆大学出版社，2018.

[5]陈莉.英语教学与互联网技术[M].北京：光明日报出版社，2017.

[6]陈品.大学英语教学理论与实践[M].天津：南开大学出版社，2013.

[7]陈燕.大学英语教师专业发展新视角[M].北京：中国政法大学出版社，2014.

[8]陈阳芳.中国大学生英语口语自主学习动机培养研究[M].上海：上海交通大学出版社，2019.

[9]程慧.教师的互联网素养[M].福州：福建教育出版社，2016.

[10]程亚品."互联网+"时代下信息技术与英语教学的深度融合[M].天津：天津科学技术出版社，2019.

[11]邓金娥."互联网+"背景下商务英语教学研究[M].长春：吉林文史出版社，2019.

[12]窦国宁.创客教育理念下的大学英语教学理论与实践[M].北京：企业管理出版社，2019.

[13]范春林.课堂环境与自主学习[M].北京：国家行政学院出版社，2013.

[14]冯莉.大学英语语法教学理论与实践[M].长春：吉林出版社集团有限责任公司，2009.

[15]高泽涵等."互联网+"基础与应用[M].西安：西安电子科技大学出版

社，2018.

[16]龚亚夫，罗少茜.英语教学评估行为表现评估和学生学习档案[M].北京：人民教育出版社，2002.

[17]龚芸.高职学生学习倦怠问题研究[M].北京：北京理工大学出版社，2015.

[18]何高大.现代教育技术与现代外语教学[M].南宁：广西教育出版社，2002.

[19]何广铿.英语教学法教程：理论与实践[M].广州：暨南大学出版社，2011.

[20]何少庆.英语教学策略理论与实践应用[M].杭州：浙江大学出版社，2010.

[21]胡刚.论互联网+教育[M].南京：江苏凤凰教育出版社；江苏教育出版社，2017.

[22]黄荣怀.移动学习——理论·现状·趋势[M].北京：科学出版社，2008.

[23]黄燕鹂."互联网+"背景下大学英语教学体系的反思与重建[M].成都：电子科技大学出版社，2018.

[24]蒋景东，金晶.高职学生英语学习阻碍机制应对策略"协同"研究[M].杭州：浙江大学出版社，2015.

[25]焦建利，王萍.慕课互联网+教育时代的学习革命[M].北京：机械工业出版社，2015.

[26]靳玉乐.自主学习[M].成都：四川教育出版社，2005.

[27]乐国斌."互联网+"时代商务英语教学模式研究[M].长春：东北师范大学出版社，2018.

[28]李凤来，鲁士发.移动互联技术在教学中的应用[M].天津：南开大学出版社，2017.

[29]李荣华，郭锋，高亚妮.当代英语教学理论发展与实践研究[M].上海：上海交通大学出版社，2018.

[30]李宪美.大学生外语学习焦虑研究[M].合肥：合肥工业大学出版社，2014.

[31]李晓晖. 互联网英语教学模式在护理专业中的应用[M]. 天津：天津科学技术出版社，2019.

[32]李晓朋. "互联网+"时代英语自主学习与课堂教学的整合模式探究[M]. 成都：电子科技大学出版社，2018.

[33]李永鑫. 工作倦怠的心理学研究[M]. 北京：中国社会科学出版社，2007.

[34]李友良. 英语学习策略与自主学习[M]. 上海：上海交通大学出版社，2011.

[35]梁思华. 英语教学与信息技术深度融合[M]. 北京：科学技术文献出版社，2018.

[36]刘聪慧. 大学生英语学习焦虑研究[M]. 青岛：中国海洋大学出版社，2008.

[37]柳海荣. 新时期高校英语教学的多视角研究[M]. 北京：光明日报出版社，2016.

[38]孟丽华，武书敬. 网络环境下大学英语教师专业素质发展研究[M]. 北京：外语教学与研究出版社，2015.

[39]庞维国. 自主学习——学与教的原理和策略[M]. 上海：华东师范大学出版社，2003.

[40]史利红. 大学英语教学中学习拖延问题研究[M]. 北京：北京理工大学出版社，2019.

[41]首都师范大学大学英语教研部. 大学英语教学与研究[M]. 北京：首都师范大学出版社，2004.

[42]孙宏安. 新课程教学设计英语[M]. 大连：辽宁师范大学出版社，2002.

[43]唐俊红. 互联网+英语教学[M]. 北京：新华出版社，2018.

[44]童琳玲，祁春燕. 演进与变革：网络环境下的英语教学研究[M]. 北京：团结出版社，2017.

[45]汪应，陈光海，韩晋川. 高校教师信息化教学能力构成研究[M]. 重庆：重庆大学出版社，2018.

[46]王磊. 互联网+背景下高校英语有效教学研究[M]. 长春：吉林人民出版社，2019.

[47]王琦.信息技术环境下的外语教学研究[M].北京：中国社会科学出版社，2006.

[48]王志敏.外语学习动机激发策略的理论与实证研究[M].北京：光明日报出版社，2014.

[49]文卫平，朱玉明.外语学习情感障碍研究[M].西安：西北大学出版社，1998.

[50]吴秀英.英语教学基础理论诠释及创新视角研究[M].长春：吉林大学出版社，2019.

[51]项成东，高嘉勇.英语教学改革与实践论文集[M].天津：南开大学出版社，2017.

[52]徐道平，王凤娇，赵卫红.互联网时代下高校英语教学研究[M].长春：吉林人民出版社，2019.

[53]许智坚.计算机辅助英语教学[M].厦门：厦门大学出版社，2015.

[54]薛中梁.英语课堂教学过程[M].合肥：安徽教育出版社，2002.

[55]杨连瑞，肖建芳.英语教学艺术论[M].南宁：广西教育出版社，2003.

[56]杨鹏，骆铮.基于教育转型发展视阈下高校商务英语教学的创新研究[M].长春：吉林人民出版社，2019.

[57]杨涛.外语学习倦怠与动机关系研究[M].北京：科学出版社，2015.

[58]杨艳.英语教学创新研究[M].长春：吉林人民出版社，2019.

[59]苑丽英.互联网+视域下大学英语教学的创新探索[M].长春：吉林人民出版社，2019.

[60]张冰，蒯莉萍，成敏.学术文库"互联网+"时代大学英语信息化教学研究[M].世界图书出版西安有限公司，2018.

[61]张乐平."互联网+"时代背景下大学英语教学改革与发展研究[M].长春：吉林大学出版社，2019.

[62]张喜华，郭平建.信息化背景下大学英语教学改革研究[M].北京：北京交通大学出版社，2017.

[63]张正东，李少伶.英语教学论[M].西安：陕西师范大学出版社，2003.

[64]赵丽.互联网背景下高校英语教育的创新发展[M].长春：吉林人民出版社，2020.

[65]周全林，陈建军. 现代教育技术[M]. 武汉：武汉大学出版社，2011.

[66]朱家科. 大学英语教学中的文化教学[M]. 武汉：华中科技大学出版社，2009.

[67]巴冬晴. 信息技术对大学英语教学的系统化影响——评《互联网+视域下大学英语教学的创新探索》[J]. 中国科技论文，2021，16（10）：1160.

[68]曾文斯."互联网+"背景下POA大学英语口语教学策略研究[J]. 山西青年，2021（19）：11-12.

[69]单莹."互联网+"背景下混合式课程教学设计与实践——基于雨课堂平台的大学英语混合式教学探究[J]. 海外英语，2021（20）：133-134.

[70]杜舸，杨子莹."互联网+"时代应用型高校大学英语混合式教学模式探究[J]. 大学，2021（47）：37-39.

[71]关靖."互联网+"背景下大学英语教学策略探析[J]. 校园英语，2021（40）：7-8.

[72]黄小妹."互联网+"背景下大学英语教学改革初探[J]. 作家天地，2021（30）：17-18.

[73]李波."互联网+"视域下应用型高校大学英语教学生态化模式研究[J]. 英语广场，2021（34）：84-87.

[74]李海洁. 立足"互联网+"探究大学英语翻译教学改进策略[J]. 山西青年，2021（19）：59-60.

[75]李侠."互联网+"模式下大学英语听力翻转课堂教学探讨[J]. 电子元器件与信息技术，2021，5（9）：91-92+98.

[76]刘寒冰，潘丽鹏."互联网+"背景下大学英语线上线下混合式教学研究[J]. 校园英语，2021（44）：11-12.

[77]刘瑶."互联网+"视域下英语广播与大学英语教学融合刍探[J]. 成才之路，2021（35）：121-123.

[78]冉龙莉. 基于互联网+背景下的大学英语混合式在线教学模式研究[J]. 科幻画报，2021（10）：97-98.

[79]唐慧."互联网+"背景下大学英语翻译教学改革研究[J]. 教育信息化论坛，2021（11）：80-81.

[80]王萍. 互联网+背景下基于微课的大学英语混合式教学模式研究[J]. 湖

北开放职业学院学报，2021，34（21）：169-171.

[81]王睿."互联网+"环境中大学英语教学的生态状况研究[J]. 长春工程学院学报（社会科学版），2021，22（3）：99-102.

[82]王妍."互联网+"时代B-Learning大学英语教学模式研究[J]. 海外英语，2021（19）：162-163.

[83]袁晓玲."互联网+"背景下大学英语混合式教学模式探析[J]. 海外英语，2021（20）：185-186.

[84]张东力，徐晓娟，王淑东."互联网+"下的大学英语教育变革——评《互联网+视域下大学英语教学的创新探索》[J]. 中国科技论文，2021，16（10）：1169.

[85]赵春贺."互联网+智能技术"背景下大学英语教学新形态研究[J]. 作家天地，2021（29）：29-30.